Lauftraining

Das Praxisbuch

Vom Spaziergänger zum Marathonläufer
Durch ganzheitliches Training mit System
Schritt für Schritt zum Ziel

Fabian Wechold

Alle Ratschläge in diesem Buch wurden vom Autor und vom Verlag sorgfältig erwogen und geprüft. Eine Garantie kann dennoch nicht übernommen werden. Eine Haftung des Autors beziehungsweise des Verlags für jegliche Personen-, Sach- und Vermögensschäden ist daher ausgeschlossen.

ISBN: 978-3-969306956

Email: info@edition-lunerion.de
www.edition-lunerion.de

Psiana eCom UG
Berumer Str. 44
26844 Jemgum

INHALT

Vorwort 1

Auf die Plätze... 2

Steigerung von Fitness & allgemeiner Ausdauer 3

Grundlagentraining 9

Belastungsbereiche & Trainingsmethoden 9

Lauftechniken 16

Trainingsplan für Laufanfänger 20

Intervalltraining zum Aufbau 31

Die ersten 3 km 33

Weiter geht's: Ziele setzen & verfolgen 34

Die ersten 5 km 36

Krafttraining: Prävention & Leistungssteigerung 39

Warum Krafttraining (gerade) für Läufer wichtig ist 39

Pensum: Wie oft sollte Krafttraining erfolgen? 44

Der Zirkeltrainingsplan: Mit Abwechslung zu mehr Kraft & Flexibilität 45

Stabilitätstraining 57

Stabilitätsübungen für Läufer 57

Mobilität 63

Flexibilität 68

Techniktraining 83

Sprungkraft 87

Atemtechnik verbessern 90

Die Läuferatmung 90

Seitenstechen und Atemprobleme 91

Atemübungen 92

Die persönliche Laufroutine 96

Dokumentation & Fortschritte feststellen 96

Leistungssteigerung: Immer ein bisschen mehr 97

Intervalltraining 99

Training am Berg 103

Zwischenetappe: 7 km 105

Über Grenzen gehen: Die ersten 10 km 105

Verletzungsproblematik 107

Exkurs: Ernährungstipps für Laufathleten 110

Die drei Makronährstoffe 110

Nahrungsergänzungsmittel 114

Wann sollte man essen? 115

Rezeptvorschläge 116

Mit Lauftraining effektiv Körperfett reduzieren 121

Trainingsplan 125

Fitness & Ausdauer in 8 Wochen— von den Grundlagen bis hin zu den 15 km 125

Bonus: Coaching zum Marathon 128

Zielsetzung 129

Vorbereitung 129

Exkurs: Laufen unter besonderen Bedingungen 132

Laufen bei Hitze 132

Laufen bei Kälte 133

Laufen mit Hund 134

...Fertig, los! 137

Vorwort

Mit diesem Buch hält man einen wahren Begleiter in der Hand. Es erklärt alles chronologisch: wie man mit dem Laufen anfängt bis hin zur Vorbereitung auf einen Marathon. Für die verschiedenen Trainingsstadien enthält es nützliche Tipps und sagt Ihnen, worauf Sie achten sollten. Auch wann es Zeit ist, Ihr Training auf andere Einheiten auszuweiten, ist auf diesen Seiten genau beschrieben. Haben Sie also Ihre Laufbibel immer dabei, sie wird viele Ihrer Fragen beantworten und auf so manches Problem eine mit Daten und Fakten unterfütterte Antwort wissen.

Bereiten Sie sich auf Ihre nächste Trainingseinheit vor, indem Sie abends in dem Buch lesen. Es gibt einige Beispieltrainingspläne und zahlreiche Ideen für Übungen sowie für unterschiedliche Trainingseinheiten. Es macht definitiv Lust auf mehr und gibt viele Motivationstipps. Halten Sie sich daran, dann laufen Sie in einem Jahr vielleicht schon Ihren ersten Marathon. Mit ein wenig Disziplin, Durchhaltevermögen und diesem Buch klappt das sicherlich. Bleiben Sie motiviert!

Auf die Plätze...

Laufen ist eine der ältesten und heute beliebtesten Sportarten auf der ganzen Welt. Circa 20 Millionen Deutsche laufen sogar regelmäßig. Besonders beliebt ist der Laufsport, da er viele gesundheitliche Vorteile bringt, beim Abnehmen hilft und man wenig Equipment dafür braucht. Allerdings sollte man auch beim Laufen einige wichtige Dinge beachten. Denn nicht nur das Lauftraining alleine bringt Sie weiter. Heute gibt es wirklich viele Ergänzungen zum Laufen, die sich bewährt haben und auf die Sie nicht verzichten sollten.

Begriffe wie Kraft-, Stabilitäts- und Mobilitätstraining werden in diesem Buch erklärt und außerdem wird auf die richtige Laufkleidung sowie die passenden Laufschuhe eingegangen. Als Laufanfänger werden Ihnen zudem Trainingspläne zur Verfügung gestellt, die erklären, wie Sie am besten mit dem Laufen anfangen und schnellstmöglich Fortschritte machen. Weiterhin begleitet Sie das Buch bei den verschiedenen Etappen (3 km, 5 km, 7 km, 10 km, Marathon) und gibt Ihnen Motivationstipps. Aspekte, die mit dem Laufen eng korrelieren, wie z. B. die Ernährung, werden behandelt und es werden immer wieder kleine, hilfreiche Tipps zu den einzelnen Themen gegeben.

Zu guter Letzt finden Sie ebenfalls in diesem Buch eine ganze Reihe Übungen, von Stabiübungen über Dehnübungen bis hin zum Krafttraining. Das Buch ist besonders für Laufanfänger, die nicht sehr viel Lauferfahrung haben, und Wiedereinsteiger geeignet. Alle Basics und Wissenswertes, vor allem für unerfahrene Laufanfänger, werden in diesem Buch beschrieben und abgehandelt. Befolgen Sie die Ratschläge, Trainingspläne und Tipps, werden Sie in nur wenigen Wochen zum regelmäßigen Läufer. **Viel Erfolg!**

Steigerung von Fitness & allgemeiner Ausdauer

Laufen ist eine der ältesten Sportarten der Welt. Disziplinen wie Marathon oder Sprint waren schon bei den ersten Olympischen Spielen in Athen im Jahr 1896 vertreten. In Deutschland ist Laufen als Ausdauersport, neben Radfahren, die beliebteste Sportart. Das hat seine Gründe, denn Laufen oder Joggen hat viele gesundheitliche Vorteile für den menschlichen Körper.

Laufen macht nicht nur Spaß, sondern steigert auch die körperliche und geistige Leistungsfähigkeit. Nach aktuellen Studien hat sportliche Aktivität, wie z. B. Ausdauertraining in Form von Laufen, große Auswirkungen auf die körperliche und geistige Gesundheit. So können Krankheiten, wie Herz-Kreislauf-Erkrankungen, vorgebeugt, Stress reduziert und das Immunsystem gestärkt werden (Frühauf et al., 2020). Laufen stellt für das Gehirn eine Ablenkung vom Alltagsstress dar, sodass durch Lauftraining ein großer Risikofaktor für Schlaganfall, Diabetes und Co. reduziert werden kann.

Laufen kann außerdem nicht nur die Denkleistung erhöhen, sondern macht generell glücklich und trägt erheblich zur mentalen Gesundheit bei. Schon zehn Minuten einfaches Spazierengehen reichen aus, um unsere Neuronen im Gehirn besser zu vernetzen und die Gedächtnisleistung zu erhöhen (Suwabe et al., 2018). Eine andere Studie hat sogar gezeigt, dass Lauftraining, eigenständig oder in einer angeleiteten Gruppe, Depressionen ähnlich effektiv reduzieren kann, wie eine Behandlung mit Antidepressiva. Da bei Menschen mit Depressionen bestimmte Hirnbereiche im präfrontalen Kortex hyperaktiv sind, kann die sportliche Aktivität diese verringern und so die Symptome einer Depression mindern (Blumenthal et al., 2007). Zudem werden Glückshormone wie Serotonin und Dopamin ausgeschüttet, diese sorgen für ein gutes Gefühl und bessere Laune nach dem Lauftraining. Laufen macht zudem körperlich fit und ist eine der besten Sportarten, die sich zur Gewichtsreduktion eignen.

Sie sehen: Es gibt viele Gründe, mit dem Laufen anzufangen. Alles Wissenswerte dazu, wie Sie mit dem Laufen starten, was bedacht und vorbereitet werden muss, wie man lange motiviert und vor allem dabei bleibt und vieles mehr, wird in den folgenden Kapiteln erläutert.

UNTERSCHIEDLICHE TYPEN VON AUSDAUER

Ausdauer bezeichnet man auch als konditionelle Fähigkeit. Sie ermöglicht es, eine Belastung körperlich und geistig über einen längeren Zeitraum hinweg aufrechtzuerhalten. Auch eine schnelle Erholung nach dem Training zeugt von einer guten Ausdauer. Diese wird als Regenerationsphase bezeichnet. Ausdauer ist zudem die Grundlage für viele andere Sportarten und daher oft leistungslimitierend. Es gibt unterschiedliche Arten der Ausdauer und man kann diese nach verschiedenen Merkmalen unterteilen.

Man kann unter anderem anhand der Muskelmasse unterscheiden, die bei einem bestimmten Ausdauertraining an den Übungen beteiligt ist. So differenziert man zwischen der **lokalen Ausdauer**, bei der weniger als ca. 15 % der gesamten Muskelmasse beteiligt ist, wie das z. B. bei Bizeps Curls (das Armbeugen mit Kurzhanteln) der Fall ist, und der **allgemeinen Ausdauer**, bei welcher mehr als 15 % der gesamten Muskelmasse beansprucht wird. Dies gilt z. B. für das Schwimmen oder Laufen.

Eine weitere Unterscheidungsform für die Ausdauer kann anhand der bereitgestellten Energie aufgezeigt werden. Werden beim Training Kohlenhydrate und Fette unter Verbrauch von Sauerstoff verbrannt, so spricht man von einem aeroben Energiestoffwechsel und damit von der **aeroben Ausdauer**. Bei höheren Belastungen reicht die bereitgestellte Energie durch aerobe Stoffwechselprozesse oft nicht mehr aus. Dann werden Kohlenhydrate durch Milchsäuregärung und ohne die Beteiligung von Sauerstoff in Energie umgewandelt. Man spricht dann vom anaeroben Energiestoffwechsel und somit von der **anaeroben Ausdauer.**

Eine dritte Unterscheidungsform beschreibt die Arbeitsweise der Skelettmuskulatur. Man unterscheidet hier zwischen statischer und dynamischer Ausdauer. Bei der **statischen Ausdauer** kommt es nur zu statischen Muskelkontraktionen. Die Blutzirkulation und damit auch die Sauerstoffzufuhr werden verlangsamt. Nur wenige Sportarten beinhalten ausschließlich die statische Ausdauer. Beispiele hierfür sind das Bogenschießen oder Windsurfen. Im Gegensatz dazu steht die **dynamische Ausdauer**, bei der es zu einem Wechsel zwischen Spannung und Entspannung der Muskulatur kommt. Dadurch entsteht eine Pumpwirkung, die die Blutzirkulation ankurbelt und damit die ausreichende Versorgung mit Sauerstoff gewährleistet. Typische Sportarten für eine dynamische Ausdauer sind Fahrradfahren, Laufen und Schwimmen. In der folgenden Graphik finden Sie noch einmal eine Übersicht der verschiedenen Ausdauerarten.

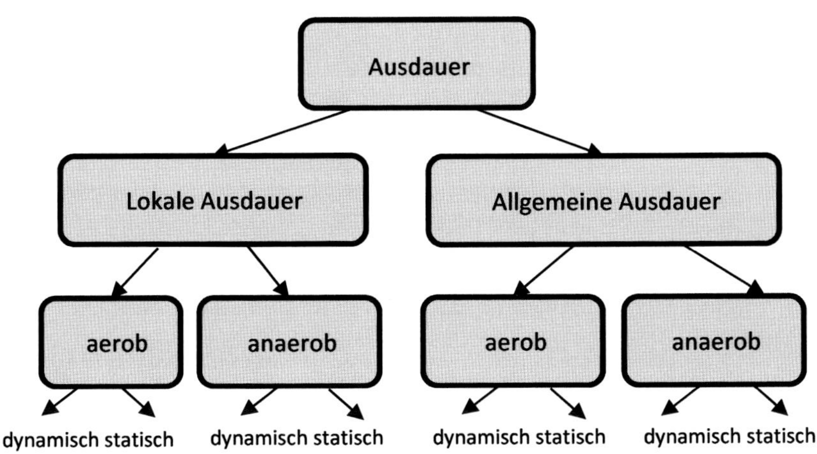

Aerobes und anaerobes Training

Gerade die Energiebereitstellung stellt beim Lauftraining einen wesentlichen Punkt dar. Ob man im aeroben oder anaeroben Bereich trainiert, macht einen großen Unterschied, da die verbrauchte Energie durch zwei komplett unterschiedliche Prozesse im Körper bereitgestellt wird. Die Beteiligung von Sauerstoff an den beiden Stoffwechselprozessen im Körper spielt eine entscheidende Rolle, da in einem der Prozesse Sauerstoff beteiligt ist und in dem anderen nicht. Im Folgenden werden beide Prozesse sowie ihre Vor- und Nachteile genauer beschrieben.

Aerobes Training

Fette und Kohlenhydrate werden verbrannt, um Energie für die Muskelarbeit zu gewinnen. Bei dem aeroben Energiestoffwechsel wird dabei Sauerstoff verbraucht. Das passiert vor allem bei geringen Trainingsbelastungen, wie z. B. bei langsamem Laufen oder Schwimmen. Bei diesem Prozess sind die sogenannten roten Muskelfasern beteiligt. Sie nehmen Sauerstoff aus dem Blut auf und nutzen diesen zur Energiegewinnung aus Kohlenhydraten oder Fetten. Rote Muskelfasern kontrahieren langsam, deshalb bewegt man sich im aeroben Bereich bei geringem Kraftaufwand und einer hohen Wiederholungszahl.

Anaerobes Training

Auf den anaeroben Energiestoffwechsel stellt der Körper automatisch um, wenn es zu hohen Belastungen kommt. Das ist der Fall bei schnellen und intensiven Trainingseinheiten, da hier die bereitgestellte Energie aus aeroben Stoffwechselprozessen dann nicht mehr ausreicht. Bei dem anaeroben Energiestoffwechsel werden Kohlenhydrate ohne den Verbrauch von Sauerstoff mithilfe der Milchsäuregärung verbrannt. Ein Nebenprodukt dieses Stoffwechselprozesses ist das Laktat, welches bei anhaltender intensiver Belastung zu einer Übersäuerung der Muskulatur führt, auch bekannt als Muskelkater.

Fette werden im anaeroben Bereich nicht verbrannt, da dazu Sauerstoff nötig ist. Daher sollte man auch nicht anaerob trainieren, wenn das Hauptziel des Trainings die Gewichtsreduktion sein soll. Bei anaeroben Stoffwechselprozessen ist die Energieausbeute deutlich geringer als bei aeroben Prozessen und die Energie kann außerdem nicht sehr lange aufrechterhalten werden. Hier sind vor allem die sogenannten weißen Muskelfasern beteiligt, welche ihr Volumen erhöhen können, dafür aber auch schneller ermüden.

Welches Training nun für Sie das richtige ist, ist hauptsächlich abhängig von Ihrem Trainingsziel. Ist das primäre Ziel eine Gewichtsreduktion, also das Ankurbeln der Fettverbrennung, oder die Steigerung der Grundlagenausdauer, so ist ein aerobes Training zu empfehlen. Soll jedoch mit dem Training eine allgemeine Leistungssteigerung erzielt oder Muskelmasse aufgebaut werden, ist eine Kombination aus aeroben und anaeroben Training das Mittel der Wahl. Dass allerdings bei anaeroben Trainingseinheiten keine Fette verbrannt werden, ist nicht ganz richtig. Auch bei anaeroben Trainingseinheiten kommt es zu einer Erhöhung des Fettstoffwechsels, allerdings nicht während des Trainings, sondern erst danach. Man nennt diesen Effekt den Nachbrenneffekt. Eine klare Trennung zwischen aerobem und anaerobem Training ist allerdings oft gar nicht möglich, da der Körper je nach Intensität des Trainings zwischen beiden Bereichen hin- und herspringt.

Für das richtige Training, und um das Training richtig steuern zu können, ist es allerdings enorm wichtig, diese individuelle Grenze zwischen dem aeroben und dem anaeroben Bereich zu kennen. Pauschal kann das allerdings nicht festgelegt werden, da diese Grenze sehr individuell ist und man diese ebenfalls nach oben trainieren kann. Wer es genau wissen möchte, geht am besten zu einem Sportarzt. Dieser kann eine Laktatmessung durchführen und damit den Bereich bestimmen, bei dem Bildung und Abbau von Laktat gerade noch im Gleichgewicht sind. Wer diesen Aufwand nicht betreiben möchte, kann sich auch einfach an der Herzfrequenz orientieren. Dazu muss man nur seine maximale Herzfrequenz kennen. Generell gilt: Der aerobe Trainingsbereich liegt bei 70-80 % der maximalen Herzfrequenz. Im anaeroben Trainingsbereich befindet man sich bei einer maximalen Herzfrequenz von 80 bis 90 %. In der folgenden Abbildung sind die vier Herzfrequenzzonen aufgeführt. Ihr können Sie ebenfalls den Wirkungsbereich der unterschiedlichen Zonen entnehmen. Für die Berechnung der individuellen maximalen Herzfrequenz gibt es Faustformeln, die eine grobe Orientierung geben können:

Max. HF	Zone	Wirkung	Trainingsbereich
50-60 %	Gesundheitszone	Förderung der Gesundheit	Rekom
60-70 %	Fettverbren-nungszone	Aktivierung des Fettstoff-wechsels, Förderung der aeroben Ausdauer	Rekom, GA1
80-90 %	Anaerobe Zone	Steigerung der aeroben und anaeroben Ausdauer	GA2, WSA
90-100 %	Wettkampf-Zone	Steigerung der anaero-ben Ausdauer und max. Leistung	WSA

Eine geläufige und allgemeine Faustregel lautet:

- Max. Herzfrequenz = 220 – Alter.

Eine etwas spezifischere Formel, die zwischen Männern und Frauen unterscheidet, lautet:

- Für Männer: Max. Herzfrequenz = 207 – (Alter * 0,7)
- Für Frauen: Max. Herzfrequenz = 208 – (Alter * 0,88)

Die maximale Herzfrequenz mithilfe einer Formel zu bestimmen, ist allerdings eher ungenau. Sie können die maximale Herzfrequenz auch bei einem Sportarzt bestimmen lassen. Dieser führt ein Leistungs-EKG durch, bei dem Sie an Ihre Grenzen gehen müssen, um die maximale Herzfrequenz zu bestimmen.

Die dritte Möglichkeit besteht darin, die maximale Herzfrequenz selber zu bestimmen. Das sollten Sie allerdings nur tun, wenn Sie fit und gesund sind und bereits eine längere Zeit regelmäßig trainieren. Bauen Sie dazu in Ihren Dauerlauf dreimal drei Minuten ein, die Sie bei den ersten beiden Wiederholungen in gesteigertem Tempo und bei der dritten Wiederholung so schnell Sie können absolvieren. Sie sollten dazu eine Pulsuhr tragen, um den Herzschlag zu erfassen. Der maximal gemessene Wert ist auch gleichzeitig Ihre maximale Herzfrequenz.

Grundlagentraining

Das Grundlagentraining ist die Basis, auf der alle weiteren Trainingsziele und Einheiten aufbauen. Es soll den Körper schulen, Sauerstoff so effizient wie möglich zu nutzen. Wichtig dabei ist, dass man sich vor dem Trainingsstart Gedanken macht, was das Trainingsziel sein soll. Möchten Sie generell fit und gesünder werden oder motiviert vielleicht das Ziel der Gewichtsabnahme Sie dazu, mit dem Laufen anzufangen? Wichtig ist, dass Sie sich darüber im Klaren werden, denn je nach Trainingsziel kann das Training auch sehr unterschiedlich aussehen. Im folgenden Kapitel werden unterschiedliche Trainingszonen und Methoden beschrieben sowie die ersten Schritte eines Laufanfängers aufgezeigt.

BELASTUNGSBEREICHE & TRAININGSMETHODEN

Wie Sie bereits weiter vorne erfahren haben, gibt es unterschiedliche Belastungsbereiche, auch Trainingszonen genannt, in denen man trainieren kann. Sie werden durch eine unterschiedliche Trainingsintensität und -dauer charakterisiert. Folgende vier Trainingszonen gibt es:

- Rekom: Regeneration und Kompensation
- GA1: Grundlagenausdauer 1
- GA2: Grundlagenausdauer 2
- WSA: Wettkampfspezifisches Ausdauertraining

Diese Trainingszonen können einzeln und isoliert in Trainingseinheiten absolviert werden, wie z. B. ein Dauerlauf über fünf Kilometer. Es ist allerdings eher üblich, unterschiedliche Trainingszonen zu kombinieren, allein schon aus der Notwendigkeit heraus, bei einer intensiveren Trainingseinheit das Aufwärmen durch eine sogenannte Warm-up-Einheit zu gewährleisten und anschließend ein Cool-down, auch als Auslaufen bekannt, zu absolvieren, um den Puls nach höherer Belastung etwas zu verlangsamen. Außerdem gehören sowohl Krafttraining als auch Stabilitätstraining zum Trainingsprogramm eines erfolgreichen Läufers. Im Folgenden werden die einzelnen Trainingszonen etwas genauer beschrieben und charakterisiert.

Rekom

Das Rekom-Training zeichnet sich dadurch aus, dass es bei niedriger Reizintensität und geringer Trainingsdauer absolviert wird. Das Ziel dieser Trainingszone ist die Regeneration und Kompensation nach einer intensiven Trainingseinheit oder beispielsweise einem Wettkampf. Sie dient aber auch der aktiven Erholung innerhalb einer Trainingseinheit, z. B. zwischen zwei Intervallen. Das Rekom-Training sollte bei maximal 70 % der maximalen Herzfrequenz absolviert werden und sollte ca. 20 % des Gesamttrainings ausmachen.

Tipp: Es bietet sich an, eine Rekom-Einheit in einer anderen Sportart zu absolvieren, wie z. B. Schwimmen oder Radfahren, da eine erneute Laufeinheit das Gegenteil bewirken kann und die Regenerationsphase verlängert statt verkürzt.

GA 1

Eine Grundlagenausdauer-1-Einheit wird bei geringer bis mittlerer Reizintensität und einer mittleren bis hohen Trainingsdauer absolviert. Das Ziel des Trainings in dieser Belastungszone ist die Verbesserung der aeroben Ausdauerfähigkeit und das Heranführen des Körpers an eine effizientere Sauerstoffverwertung. In dieser

Trainingszone werden außerdem die größten Umfänge absolviert und die meiste Zeit investiert. Je nach Sportart kann das Training in dieser Belastungszone bis zu 90 % des Gesamtumfangs einnehmen. Möchte man ein leistungsorientierter Läufer werden, nimmt dieses Training 50-60 % des Gesamttrainings ein, also auch den größten Anteil. Das Grundlagenausdauertraining 1 sollte bei 70-80 % der maximalen Herzfrequenz absolviert werden.

GA 2

Die Grundlagenausdauer 2 ähnelt im Grunde der Grundlagenausdauer 1, wird allerdings bei mittlerer bis hoher Reizintensität und mittlerer Trainingsdauer absolviert. Ziel dieser Belastungszone ist es, sowohl den aeroben als auch den anaeroben Stoffwechsel zu verbessern. Das Grundlagenausdauertraining 2 sollte 20-30 % der Läufe ausmachen und bei 80-90 % der maximalen Herzfrequenz durchgeführt werden.

WSA

Trainiert man in der wettkampfspezifischen Ausdauerzone, so ist die Reizintensität bei geringer bis mittlerer Trainingsdauer hoch. Hier wird ausschließlich die anaerobe Ausdauerfähigkeit angesprochen und verbessert. Es kann sich beispielsweise um Intervalltraining handeln, wobei die intensiven Intervalle bei mindestens 90 % der maximalen Herzfrequenz absolviert werden sollten. Dieses Training dient leistungsorientierten Läufern dazu, ihre Zeit über fünf oder zehn Kilometer zu verbessern. Hier sollte das Training 10 % des Gesamtanteils betragen. Möchte man sich auf noch größeren Distanzen verbessern (z. B. Halbmarathon oder Marathon), sollte dieser Trainingsbereich komplett weggelassen werden oder maximal 5 % des Gesamtumfangs betragen.

Es gibt zudem auch andere Trainingsmodelle, die beispielsweise fünf Trainingszonen haben, das kann von Sportart zu Sportart unterschiedlich sein. Die Trainingszonen dienen lediglich der Orientierung. Um das Training allerdings noch besser charakterisieren zu können, muss man ebenfalls die unterschiedlichen Trainingsmethoden kennen.

Dauermethode

Als Dauermethode bezeichnet man ein Training mit längerer Belastung, ohne Pause, bei einer fast ausschließlich aeroben Energiebereitstellung. Man spricht auch dann noch von der Dauermethode, wenn sich während des Trainings kleinere Pausen ergeben, wie z. B. das Warten an einer Ampel beim Joggen oder Radfahren. Man unterscheidet allerdings zwischen der **kontinuierlichen Dauermethode**, die in **eine extensive und intensive Dauermethode** unterschieden wird, und die **variable Dauermethode**, die das sogenannte **Fahrtspiel und die Tempowechselmethode** umfasst.

Extensive Dauermethode

Die extensive Dauermethode wird bei Minimum 60 % der maximalen Herzfrequenz und einem Maximum von 70 % der maximalen Herzfrequenz absolviert. Dabei kann die Belastungsdauer kurz sein, wobei man sich dann im Rekom-Bereich befindet, oder sogar mehrstündig im Grundlagenausdauer-1-Bereich liegen. Es zeigt sich, dass diese Methode vor allem positive Effekte auf die Kapillarisierung, also die Neubildung von kleinsten Blutgefäßen, und das Mitochondrienvolumen hat. Das fördert wiederum eine ausreichende Sauerstoffzufuhr. Mitochondrien dienen als Kraftwerke der Zelle, denn dort findet die Umwandlung der Kohlenhydrate und Fette in für den Körper nutzbare Energie statt. Zudem verbessert die extensive Dauermethode die Fettverbrennung und trägt zur Erhaltung und Entwicklung der Grundlagenausdauer 1 bei.

Intensive Dauermethode

Die intensive Dauermethode unterscheidet sich nur geringfügig von der extensiven Dauermethode. Sie zeichnet sich durch eine etwas höhere Belastungsintensität bei geringerer Trainingsdauer aus. Absolviert wird die intensive Dauermethode bei 70-85 % der maximalen Herzfrequenz. Genau wie die extensive Dauermethode hat auch die intensive Dauermethode einen positiven Effekt auf die Kapillarisierung im Körper und auch auf das Mitochondrienvolumen. Zudem verbessert diese Trainingsmethode die Sauerstoffaufnahme und -verwertung, also den aeroben und anaeroben Mischstoffwechsel, und trägt maßgeblich zur Entwicklung der Grundlagenausdauer 2 bei.

Fahrtspiel und Tempowechselmethode

Beide Trainingsmethoden zeichnen sich durch einen Wechsel der Belastungsintensität innerhalb der Trainingseinheit aus. Bei der Tempowechselmethode werden die unterschiedlichen Intensitäten vor Trainingsbeginn geplant. Man nennt sie deshalb auch das planmäßige Fahrtspiel, denn beim Fahrtspiel kommt es zu einem unplanmäßigen Wechsel der Belastungsintensitäten innerhalb der Trainingseinheit. Das kann z. B. durch die Topographie, d. h. durch die Steigung an einem Berg, durch Wind oder durch den Bodenbelag, verursacht werden. Das Fahrtspiel oder auch die Tempowechselmethode wird im Bereich von 60-85 % der maximalen Herzfrequenz absolviert. Das Training trägt vor allem dazu bei, dass die maximale Sauerstoffaufnahme gesteigert wird. Es fördert die Umstellungsfähigkeit der Energiebereitstellung und somit auch den aeroben und anaeroben Mischstoffwechsel. Außerdem trägt es maßgeblich sowohl zur Erhaltung als auch zur Entwicklung der Grundlagenausdauer 1 und 2 bei.

Intervallmethode

Die Intervallmethode ist gekennzeichnet durch einen festgelegten Wechsel zwischen Belastungs- und Erholungsphase. Kennzeichen der Intervallmethode ist die sogenannte nicht vollständige oder auch „lohnende" Pause, welche den ersten schnellen Abfall der Herzfrequenz nach der intensiven Belastung bezeichnet. Die danach wiederkehrende Belastung bewirkt eine allmählich steigende und schnellere Ermüdung. Dieses Phänomen soll die Ermüdungswiderstandsfähigkeit des Körpers steigern. Man kann die Intervallmethode entweder nach Belastungsintensität oder Belastungsdauer unterscheiden. Daher spricht man bei unterschiedlichen Intensitäten ebenfalls von **extensiven und intensiven Intervallen**. Bei unterschiedlichen Belastungszeiträumen unterscheidet man z. B. in Kurz-, Mittel- und Langzeitintervalle.

Extensive Intervallmethode

Die extensive Intervallmethode wird bei 60-80 % der maximalen Herzfrequenz durchgeführt. Der Umfang ist bei dieser Trainingsmethode relativ hoch. Die Methode trägt vor allem zu einer Verbesserung der maximalen Sauerstoffaufnahme, des aeroben und anaeroben Mischstoffwechsels sowie der Umstellungsfähigkeit der Energiebereitstellung bei. Zudem wird die Entwicklung der Grundlagenausdauer 2 gefördert.

Tipp: Als Laufanfänger sieht man das Pausieren häufig als Schwäche an. Dem ist nicht so! Ein Dauerlauf mit Gehpausen ist ein gutes Beispiel für die extensive Intervallmethode. Diese ist ideal zur Vorbereitung auf einen längeren und durchgängigen Dauerlauf. Außerdem ist sie ebenfalls guter Ausgangspunkt zum Aufbau weiterer Trainingsmethoden und Einheiten. Also nicht den Mut verlieren, wenn Sie öfters Gehpausen einlegen müssen.

Intensive Intervallmethode

Die intensive Intervallmethode wird bei einem Trainingspuls von 80 bis 90 % der maximalen Herzfrequenz durchgeführt. Der Umfang dieser Trainingseinheiten hält sich dabei im geringen bis mittleren Bereich, d. h. hier sind die Intervalle im Vergleich zur extensiven Intervallmethode intensiver, und das bei allgemein geringerem Trainingsumfang. Auch hier wird eine Verbesserung der maximalen Sauerstoffaufnahme, des aeroben und anaeroben Mischstoffwechsels sowie der Umstellungsfähigkeit der Energiebereitstellung erwirkt. Zusätzlich hat die intensive Intervallmethode einen positiven Effekt auf die Laktatkompensation, trägt also zu einem schnelleren Laktatabbau bei, und fördert die Laktattoleranz, trotz hoher Laktatkonzentrationen in der Muskulatur kann die Leistung also dennoch aufrechterhalten werden.

HIIT: Hochintensive Intervallmethode

Seit einiger Zeit ist die HIIT in aller Munde und wird als die Methode gehandelt, die schnell zu einer Verbesserung der Ausdauer und zu einem gesteigerten Fettstoffwechsel führt. Diese Methode ähnelt sehr der extensiven und intensiven Intervallmethode, allerdings wird hier der Puls während der Intervalle richtig in die Höhe getrieben. Auch die HIIT ist eine Mischung aus überwiegend aeroben, aber auch vermehrt anaeroben Elementen in einer Trainingseinheit. Die Dauer der Intervalle ist mit 15-300 Sekunden relativ kurz. Das liegt daran, dass diese bei einer Herzfrequenz von 85 bis 100 % der maximalen Herzfrequenz absolviert werden. Eine typische HIIT-Einheit ist beispielsweise ein Dauerlauf mit integrierten Sprintintervallen.

Vorteil dieser Methode ist ganz klar die Zeitersparnis. Was bei der extensiven Intervallmethode doppelt so lange dauert, ist mit der HIIT in ein paar Minuten abgehandelt (ohne Aufwärmen und Cool-down). Wichtig ist, dass man sich vor dem Training gut aufwärmt und nicht mit einem Intervall endet, sodass der Puls die Möglichkeit hat, unter weiterer Bewegung wieder in den Normalbereich zu kommen. Die Wirkung dieser Trainingsmethode ist gleich der extensiven und intensiven Intervallmethode. Auch hier wird eine Verbesserung der maximalen Sauerstoffaufnahme, des aeroben und anaeroben Mischstoffwechsels sowie der Umstellungsfähigkeit der Energiebereitstellung erwirkt. Auch hat die HIIT einen positiven Effekt auf die Laktatkompensation und die Laktattoleranz. Zusätzlich trägt sie enorm zur Verbesserung der Ausdauer und zur Ausbildung der sportspezifischen Arbeitsmuskulatur bei.

Wiederholungsmethode

Bei der Wiederholungsmethode werden höchste Belastungsintensitäten bei gleichzeitig geringer Wiederholungszahl erreicht. Merkmal ist zudem die sogenannte vollständige Pause, in der sich ausschließlich erholt wird. Es gibt einige Diskussionen über die Länge der vollständigen Pause. Orientiert sich die Länge der Pause an der Herzfrequenz, ist diese meist zu lang. Es kommt nicht selten zur Akkumulation der Laktatkonzentration und demnach zum Leistungsabfall oder die Übung muss gar komplett abgebrochen werden, weil die Muskulatur zumacht. Ist die Pause zu kurz, hat sich die Muskulatur nicht ausreichend erholt und die angestrebte Wiederholungszahl kann nicht erreicht werden. Demnach gilt: Die vollständige Pause so kurz wie möglich halten, aber so lange wie nötig, um das gesteckte Ziel zu erreichen. Diese Methode findet vor allem Anwendung im Bereich des Kraftsports. Die Wiederholungsmethode wird bei einer Herzfrequenz von 90 bis 100 %, also der maximalen Herzfrequenz, absolviert. Die Methode erfordert einen eher geringen Trainingsumfang pro Einheit. Sie wirkt sich zudem positiv auf den aeroben, aber besonders den anaeroben Energiestoffwechsel sowie auf Laktatkonzentration und -toleranz aus.

Kleinfeldspiele

Die Kleinfeldspiele haben als Trainingsmethode zwar weniger mit dem Lauftraining zu tun, da sie eher in anderen Sportarten angewendet werden, aber dennoch sollen sie hier der Vollständigkeit wegen ebenfalls aufgenommen werden. Die Kleinfeldspiele sind in Spielsportarten wie Fußball, Basketball oder Handball weit verbreitet. Sie vereinen das Prinzip der wettkampfspezifischen Trainingsbelastung mit taktischen und technischen Anforderungen, die für die entsprechende Sportart wichtig sind. Taktik und Ausdauer werden somit in einer Einheit kombiniert. Durch die Verknüpfung und Kombination verschiedener Trainingseinheiten bringt diese Methode eine enorme Zeitersparnis mit sich und ist sehr effizient.

LAUFTECHNIKEN

Es gibt ganz unterschiedliche Möglichkeiten des Laufens. Einen der größten Unterschiede kann man bei der Landung des Fußes auf dem Untergrund beobachten. Je nachdem, mit welchem Teil des Fußes man zuerst auf dem Boden aufkommt, spricht man von Vorfuß-, Mittelfuß- oder Fersenlauf. Ganz deutlich zu sehen ist der Unterschied bei verschiedenen Geschwindigkeiten. Geht man normal spazieren, so handelt es sich meist um den Fersenlauf, da man zuerst mit der Ferse auf dem Boden aufkommt und nach vorne abrollt. Setzt man jedoch einen kurzen Sprint an und achtet auf die Landung der Füße, so kann man feststellen, dass man beim Sprinten vermehrt mit der Fußspitze zuerst auf dem Boden aufkommt. Es handelt sich hierbei um den Vorderfußlauf. Eine Mischform aus beidem, bei der man mit dem kompletten Fuß gleichzeitig auf dem Boden aufsetzt, nennt man Mittelfußlauf. Nicht nur das Tempo kann die unterschiedlichen Arten, den Fuß aufzusetzen beeinflussen, sondern auch die Körperhaltung. Macht man zum Beispiel zu große Schritte, so hat man nur noch die Möglichkeit, mit der Ferse zuerst aufzukommen. Läuft man mit nach hinten geneigter Körperachse oder mit einem Hohlkreuz, so kann ebenfalls nur die Ferse den Boden zuerst berühren. Ein Fersenlauf wird auch ganz besonders dadurch begünstigt, wenn gut gefederte Laufschuhe getragen werden. Besonders der Teil der Sohle im Fersenbereich ist besonders dick und gut gefedert. Dies führt dazu, dass der Läufer auf hartem Untergrund kein unangenehmes Gefühl empfindet, wird die Ferse zuerst und hart aufgesetzt. Was man bei der eigenen Lauftechnik beachten sollte und wie Laufen am gesündesten ist, wird im Folgenden beschrieben.

Vorderfußlauf

Der Vorderfußlauf wird auch Ballenlauf oder Fußballenlauf genannt, da der Fuß mit der Außenkante des Fußballens zuerst aufgesetzt wird. Der Fuß rollt anschließend in Richtung des großen Zehs auf dem Ballen ab, bis sich der Fuß schließlich optional bis zur Ferse hin absenkt, ehe der Läufer ihn dann wieder über den Großzehballen vom Boden abstößt. Der Vorderfußlauf kann über alle Distanzen hinweg genutzt werden, ganz besonders beliebt ist diese Lauftechnik allerdings bei unebenem Untergrund, wie z. B. beim Bergauflauf oder Crosslauf. Hier geht ganz klar die Sicherheit vor Effizienz. Wie bereits beschrieben, wird auch beim Sprinten der Vorderfußlauf durch die stark nach vorne verlagerte Körperhaltung begünstigt.

Vorteile:

Der Vorderfußlauf hat einige Vorteile. So kann z. B. die durch den Auftritt auf den Boden aufgenommene Energie von Sehnen, ähnlich wie bei einem Gummiband, wieder abgegeben werden. Das macht den Laufstil bei richtiger Verwendung sehr effizient. Zudem kommt es beim Vorderfußlauf zu einer besseren Absorption der Stoßbelastung als beispielsweise beim Fersenlauf, da hier die Energie von Sehnen, Muskulatur und dem Fußgewölbe absorbiert wird. So findet eine bessere Verteilung der Energie statt und der Knochenapparat wird weniger belastet. Ist die Wadenmuskulatur gut trainiert, so verhindert der Vorderfußlauf das Einknicken des Fußes nach innen (Pronation) und vermindert so das Verletzungsrisiko. Außerdem wird beim Aufsetzen des Fußes durch den zusätzlichen Hebel die Reaktionszeit verlängert, sodass es auch dadurch zu weniger Verletzungen kommt.

Nachteile:

Auch der Vorderfußlauf birgt einige Risiken. Einer der größten Nachteile des Vorderfußlaufes ist, dass die Vorteile nicht zum Tragen kommen, wenn man die Technik nicht sauber beherrscht. Im Gegenteil, dann ist der Vorderfußlauf sogar anstrengender als andere Lauftechniken, da die Stoßbewegung beim Aufsetzen des Fußes von der Muskulatur absorbiert wird. Daher ist eine saubere Ausführung unbedingt nötig, um von den Vorteilen zu profitieren. Außerdem werden durch den Vorderfußlauf Sehnen und vor allem die Wadenmuskulatur stärker belastet als bei anderen Lauftechniken. Aus den genannten Gründen ist ein geeigneter Trainingsschuh besonders wichtig, wenn man sich für die Technik des Vorderfußlaufs entscheidet. Trainingsschuhe für den Vorderfußlauf müssen nämlich ganz andere Kriterien erfüllen als ein Schuh für den Fersenlauf. Beispielsweise ist ein breiter Zehenbereich für genug Bewegungsfreiheit besonders wichtig. Außerdem sollte der Schuh eine geringe bis gar keine Sprengung aufweisen. Die Sprengung bezeichnet den Höhenunterschied zwischen Fersenbereich und Vorderfuß, der normalerweise zum besseren Abrollen beim Gehen oder Laufen im Fersenlauf dient. Da beim Vorderfußlauf in die entgegengesetzte Richtung abgerollt wird, wäre ein Schuh mit stark ausgeprägter Sprengung kontraproduktiv. Deshalb sind hier Laufschuhe mit wenig Dämpfung besser geeignet. Auf weichem Untergrund kann ebenfalls barfuß trainiert werden.

Mittelfußlauf

Der Mittelfußlauf ist eine Kombination aus Vorderfußlauf und Fersenlauf. Bei dieser Technik wird versucht, die Vorteile beider Lauftechniken zu vereinen und die Gefahren und Nachteile beider zu reduzieren. Beim Mittelfußlauf setzt die gesamte Sohle des Fußes auf dem Boden auf. Dabei landet die Außenkante zuerst und rollt dann über den Rest des Fußes ab.

Vorteile:
Im Vergleich zum Vorderfußlauf wirkt der Mittelfußlauf weniger kraftraubend, auch wenn man die Technik nicht perfekt beherrscht. Zudem werden Achillessehne, Muskulatur und Knochenapparat im Vergleich zum Fersenlauf geschont.

Nachteile:
Die Nachteile des Vorderfußlaufs und des Fersenlaufs werden weitestgehend mitgenommen und können durch die Kombination der beiden Techniken nicht ausgemerzt werden. Zudem kommt es zu einer verstärkten Belastung der Außenkante des Fußes.

Fersenlauf

Der Fersenlauf ist sehr weit verbreitet bei Hobbyläufern, aber auch bei Langstreckenläufern. Beim Fersenlauf setzt der Fuß im Bereich der Ferse auf dem Boden auf, knickt dann leicht nach innen (Pronation), bis schließlich die komplette Sohle aufliegt. Der Fuß rollt über den Großzehballen ab und stößt sich gleichzeitig schon wieder vom Boden ab. Der Fersenlauf ist die am weitesten verbreitete Lauftechnik, da sie zunächst weniger anstrengend als Vorderfußlauf und Mittelfußlauf erscheint. Zudem sind die meisten Laufschuhe auf den Fersenlauf ausgelegt. Durch eine stärkere Dämpfung der Ferse soll die Belastung auf die Gelenke verringert werden. Studien haben jedoch gezeigt, dass die tatsächliche Stärke der Erschütterung zunimmt, je besser ein Laufschuh gedämpft ist. Der menschliche Fuß kann sich an die Härte des Untergrunds anpassen (McDougall, 2009), aber da die Ferse zum größten Teil knöchern ist und über keine natürliche Dämpfung verfügt, wird die Stoßbelastung direkt auf den gesamten Knochenapparat übertragen.

Vorteile:

Der Fersenlauf ist allen voran energiesparend. Er ist für das Gehen und ein langsames Lauftempo sehr gut geeignet.

Nachteile

Ein großer Nachteil dieser nicht sehr fließenden Lauftechnik ist die Stoßbelastung der Gelenke. Tendenziell macht man beim Fersenlauf lange Schritte. Das Aufsetzen des Fußes vor der Körpermitte bremst den Läufer allerdings eher ab. Zudem birgt das Einknicken des Fußes nach innen beim Aufsetzen der Ferse ein gewisses Verletzungsrisiko, da man leicht nach innen umknicken kann.

TRAININGSPLAN FÜR LAUFANFÄNGER

Die ersten Schritte

Die Entscheidung ist gefallen. Sie haben sich entschlossen, mit dem Laufen anzufangen, um sich besser in Form zu bringen, eine Auszeit vom Alltagsstress zu nehmen oder um Gewicht zu reduzieren. Sie sind motiviert, möglichst schnell fit zu werden und eine größere Runde am Stück zu laufen. Bevor Sie jedoch Hals über Kopf loslegen, gilt es, sich etwas vorzubereiten.

Einer der häufigsten Anfängerfehler liegt in der Impulshandlung. Die Laufkleidung wird mit plötzlich aufkeimender Motivation herausgekramt, Schuhe werden gebunden und es wird losgelaufen. Doch weit kommt man so am Ende nicht. Nach einigen hundert Metern weicht die anfängliche Euphorie den Atemschwierigkeiten. Deshalb sollte man sich selbst vor Laufbeginn realistisch einschätzen. Wie viel bin ich die letzten Jahre gelaufen? Fange ich vielleicht ganz neu damit an? Welche gesundheitlichen Einschränkungen muss ich gegebenenfalls bedenken? Das ist besonders wichtig, um die Motivation aufrechtzuerhalten. Stecken Sie sich zu Beginn kleine Ziele, die Sie gut erreichen können. Besonders zu Beginn ist die Rückfallquote sehr hoch.

Besonders wichtig ist auch die Wahl der richtigen Laufstrecke. Dinge wie Untergrund oder Umgebung sind beim Laufen zweitrangig, können allerdings enorm zur Motivation beitragen. Achten Sie darauf, dass die Strecke anfangs nicht zu schwer ist. Es sollten zu Beginn keine größeren Steigungen in der Strecke liegen. Etwas, das es vor allem zu Beginn auf jeden Fall zu bedenken gilt: Je weicher der Boden ist, desto anstrengender ist auch das Laufen. Suchen Sie sich außerdem am besten zwei bis drei Laufstrecken, auf denen Sie abwechselnd laufen können. Die so entstehende Abwechslung kann zusätzlich motivieren.

Tipp: Laufen auf Asphalt ist nicht so schlecht wie sein Ruf. Sicherlich haben Sie schon gehört, dass zu viel Laufen auf hartem Grund den Gelenken schadet. Heutzutage sind allerdings Laufschuhe so gut gefedert, dass dies kein Problem mehr darstellt.

Womit wir auch schon bei der richtigen Ausrüstung wären. Die passenden Laufschuhe für Ihre Bedürfnisse sind besonders wichtig. Was in diesem Zusammenhang passend und gut bedeutet, ist genauso individuell wie der Läufer selbst. Auf diesen wichtigen Punkt wird deshalb noch einmal genauer im Kapitel „Wissenswertes: Gute Laufschuhe“ eingegangen.

Ähnlich viel Auswahl wie bei den Laufschuhen gibt es auch bei der sonstigen Bekleidung. Wichtig ist hier, dass Sie auf Komfort achten. Tragen Sie etwas, das vorwiegend bequem für Sie ist. Achten Sie dabei auf atmungsaktive Kleidung. Sollte es draußen noch etwas kälter sein, hat sich der altbekannte „Zwiebellook“ bewährt. Tragen Sie lieber mehrere dünne Schichten übereinander als eine dicke Winterjacke. Dann ist auch die Atmungsaktivität gewährleistet und Sie schwitzen nicht übermäßig. Eine Pulsuhr brauchen Sie zu Beginn noch nicht. Hier bietet sich an, das Smartphone mitzunehmen und damit Zeit und Strecke zu messen. Sollten Sie allerdings dabei bleiben, ist eine Laufuhr mit Pulsmesser für fortgeschrittene Trainingseinheiten sicherlich von Vorteil.

Ein Trainingsplan ist zu Beginn zwar noch nicht nötig, kann aber von Vorteil sein. Dieser gibt zusätzlich Motivation, da man ganz klare Ziele hat, die man von Woche zu Woche erreichen möchte. Zudem kann er dabei helfen, eine Laufroutine zu schaffen.

Der Wochenüberblick

Der Wochenüberblick eines Laufanfängers oder Wiedereinsteigers kann ganz individuell geplant werden und ist für jeden unterschiedlich zu gestalten. Es kommt vor allem darauf an, wie viel Zeit man in das Lauftraining investieren möchte und wie schnell man Erfolge sehen will.

Ganz besonders wichtig ist am Anfang des Trainings, sich und den eigenen Körper nicht zu überlasten. Sind Sie vorher nicht gelaufen oder haben eine lange trainingsfreie Pause hinter sich, ist die Belastung auf den Körper, wenn man wieder mit dem Laufen beginnt, zunächst sehr groß. Geben Sie Ihrem Körper Zeit, sich an diese Belastung zu gewöhnen. Das braucht in etwa die ersten vier Wochen. Je nach zeitlichen Einschränkungen können Sie zwei bis vier Trainingseinheiten in der Woche absolvieren. Zu Beginn ist es sogar ratsam, eine längere Zeit einfach nur schnell zu gehen. Bauen Sie nach und nach leichte Laufintervalle in das Gehen ein und verlängern Sie diese allmählich.

Eines der wichtigsten Trainingsprinzipien ist der Wechsel zwischen Lauftagen und Ruhetagen, also zwischen Anstrengung und Regeneration. Nur wenn der Körper Zeit bekommt, sich zu regenerieren, kann er auch neue Kraft für den nächsten Lauf schöpfen. Die Regeneration sollte dabei mindestens einen Tag, aber maximal drei Tage betragen. Im besten Fall führen Sie sogar die Läufe immer an den gleichen Wochentagen durch, da sich so leichter eine Laufroutine einstellt.

Tipp: Versuchen Sie, das Lauftraining am Morgen durchzuführen. Morgens nach dem Aufstehen ist man noch frisch und motiviert für den Tag. Hat man einen anstrengenden Tag auf der Arbeit hinter sich, tendiert man eher dazu, das Lauftraining zu verschieben. Hat man den Lauf bereits morgens absolviert, muss auch nichts verschoben werden, weil man beispielsweise müde vom Tag ist.

Eine Laufroutine finden

Für viele ist es gerade am Anfang schwer, sich zum Laufen aufzuraffen. Der innere Schweinehund steht einem im Weg. Noch schwerer ist es dann, eine Regelmäßigkeit oder Routine zu finden. Für richtige Vollblut-Läufer ist das keine Frage mehr. Für sie ist Laufen wie Essen oder Schlafen und gehört einfach zum Alltag dazu. Bei ihnen stellt sich die Frage, ob sie laufen gehen sollen, gar nicht mehr. Doch auch sie waren einmal ganz am Anfang, dort, wo Sie jetzt vielleicht gerade stehen. Auch Vollblut-Läufer mussten sich zu den ersten Einheiten jedes Mal aufs Neue zwingen und haben vielleicht auch einige Rückschläge gehabt. Am Ende aber haben sie auch das überwunden und sind nun an einem Punkt, wo das Laufen keine Frage mehr ist, sondern eine Automatisierung oder Laufroutine.

Dieser Schritt fällt vielen gerade am Anfang sehr schwer, da hier die Trainingseinheiten besonders mühselig erscheinen und man sich jedes Mal von Neuem aufraffen muss. Doch die Mühe lohnt sich, denn das resultiert in besserer Gesundheit, einem besseren Körpergefühl und fördert den Abbau von Alltagsstress beim Laufen. Doch wie schafft man den Sprung von Mühseligkeit zur Laufroutine?

Charles Duhigg beschreibt in seinem Buch *Die Macht der Gewohnheit* (2012) eine Schleife der Gewohnheit, die aus drei Elementen besteht: **Auslöser – Gewohnheit – Belohnung.** Diese wirklich interessante Erkenntnis kann man für sich nutzen, um eine Laufroutine zu entwickeln. Ein Auslöser können ganz verschiedene Dinge sein, wie z. B. eine bestimmte Zeit, ein Ort, eine Handlung oder ein bestimmtes Ereignis. Ihr Ziel ist zunächst, für Sie persönlich einen Auslöser zu finden, der Ihnen sagt: Jetzt wird gelaufen! Damit soll eine räumliche oder zeitliche Umgebung geschaffen werden, die Ihnen hilft, Motivation zu schöpfen. Man programmiert seinen inneren Schweinehund um, indem dieser einen nicht mehr vom Laufen abhält, sondern man einen Auslöser schafft, der einem zum Laufen bewegt. Die Laufroutine ist entstanden. Wie Sie zu diesem Schritt gelangen, wird im Folgenden anhand verschiedener kleinerer Schritte beschrieben.

1. Schritt: Auslöser definieren

Am einfachsten definiert man einen Auslöser, indem man die Tage, an denen man Laufen geht, festlegt, am besten auch mit genauer Uhrzeit. So wissen vielleicht sogar Arbeitskollegen oder Freunde und Familie Bescheid, dass an diesen Tagen nicht gestört wird oder dass Sie vielleicht an diesen Tagen pünktlich die Arbeit verlassen. Man weiß zudem selbst, dass man beim Mittagessen vielleicht eine Mahlzeit mit mehr Kohlenhydraten wählt, sodass man später für die Laufrunde genügend Energie zur Verfügung hat.

2. Schritt: Laufen, laufen, laufen

Es klingt banal, aber Sie können keine Laufroutine aufbauen, wenn Sie nicht laufen. Jeder Plan kann noch so gut sein, Sie müssen sich auch daran halten und wirklich laufen gehen. Sie müssen oft laufen, sehr oft und das wochenlang, sonst baut sich keine Laufroutine auf. Wichtig dabei ist, langsam anzufangen. Überschätzen Sie sich am Anfang nicht, sonst ist die anfängliche Euphorie genauso schnell wieder verschwunden, wie sie gekommen ist. Auch ein Muskelkater gleich nach der ersten Laufeinheit ist nicht besonders förderlich für die Motivation. Deshalb gilt: Am Anfang ist weniger oft mehr. Gewöhnen Sie Ihren Körper in den ersten Wochen langsam an die Belastung. Hier ist es wichtig, eine erste Routine aufzubauen, das Laufen in den Alltag zu integrieren und dabei zu bleiben, nicht krank zu werden oder sich nicht zu verletzen.

3. Schritt: Die Belohnung

Sie haben nun Ihren inneren Schweinehund überwunden, denn Sie waren Laufen. Ein ganz wichtiger Punkt bei der Bildung einer Laufroutine ist die Belohnung nach der Arbeit, also am besten direkt nach dem Lauf. Das kann beispielsweise eine warme Dusche sein, ein gutes Abendessen auf dem Sofa, das Schauen der Lieblingsserie nach dem Lauf, was auch immer Ihnen gefällt. Einige beschenken sich selbst nach einigen absolvierten Läufen mit neuen Laufschuhen, einer Pulsuhr oder neuer Laufkleidung. Finden Sie für sich selbst die Belohnung, die Sie am meisten motiviert.

4. Schritt: Dran bleiben!
Wiederholungen sind das Mittel zum Ziel. Bleiben Sie beharrlich. Laufen Sie, bis Sie nicht mehr darüber nachdenken müssen, dann hat sich das Laufen automatisiert und Sie haben für sich eine Laufroutine geschaffen.

Wissenswertes: Gute Laufschuhe

Einer der größten Fehler und damit Verletzungsquelle vor allem bei Laufanfängern ist die unterschätzte Bedeutsamkeit des richtigen Schuhwerks. Durch falsche Schuhe können massive Probleme auftreten. Laufanfänger und Wiedereinsteiger unterschätzen oft die Belastung beim Laufen auf Gelenke, Muskeln, Sehnen und den gesamten Knochenapparat. Schon bei kürzeren Strecken von 10 bis 15 Minuten ist die Belastung, vor allem mit falschen Schuhen, enorm. Bänder, Sehnen und Muskeln benötigen Zeit, sich an die neuen Belastungen zu gewöhnen. Genauso wenig wird die nötige Zeit investiert, um die passenden Laufschuhe auszusuchen. Hallenschuhe für Basketball, Handball oder Tennis sind z. B. zum Laufen völlig ungeeignet. Der Kauf von guten und passenden Laufschuhen ist eine Investition in die Gesundheit und sollte nicht unterschätzt werden. Das heißt allerdings nicht, dass die teuersten Laufschuhe auch gleich die besten sind. Die mittlere Preisklasse im Bereich von 80-120 Euro ist für Laufanfänger in der Regel mehr als ausreichend. Hochpreisige Schuhe sind oft sehr stark gedämpft, doch wenn man eine starke Dämpfung nicht benötigt, ist mehr auch nicht immer gleich besser.

Sehr attraktiv für Laufanfänger sind beispielsweise Auslaufmodelle. Allerdings müssen auch der Leistungsstand des Läufers und seine individuellen Anforderungen an einen Schuh mitberücksichtigt werden. Ein Fehler beim Kauf ist es, nur darauf zu achten, ob die Passform stimmt und der Schuh bequem ist, denn schon allein bei der Vorauswahl müssen folgende Dinge beachtet werden:

- Körpergewicht (bei schwereren Läufern ist eine stärkere Dämpfung nötig, um die Belastung auf die Gelenke gering zu halten)
- Fußform und -stellung (auch zu berücksichtigen sind eventuelle Fehlstellungen der Füße)

- Untergrund (wird überwiegend auf hartem Boden gelaufen, muss die Dämpfung andere Anforderungen erfüllen als auf weichem Boden)
- Geschlecht und Alter (Frauenschuhe sind generell etwas schmaler als Herrenschuhe, Kinderschuhe sind noch einmal anders geformt)
- Laufstil (Welcher Laufstil wird angestrebt? Vorderfuß-, Mittelfuß- oder Fersenlauf?)
- Trainingsplan (wie oft wird in der Woche gelaufen, handelt es sich um einen Anfänger, Fortgeschrittenen oder Profi?)

Dämpfung

Die Dämpfung mindert, je nach Stärke, den Aufprall des Fußes auf den Boden und damit die Belastung auf den gesamten Körper. Für den richtigen Grad der Dämpfung spielt vor allem das Körpergewicht eine entscheidende Rolle. Vor allem übergewichtige Läufer sollten im Bereich der Dämpfungsschuhe nach dem richtigen Laufschuh schauen. Hat der Läufer hingegen ein normales Gewicht, trainiert nicht zu viel auf hartem Untergrund und hat keine Fehlstellungen des Fußes, ist ein Schuh mit möglichst wenig Dämpfung das Mittel der Wahl. Die Nachteile einer besonders starken Dämpfung bestehen in der damit verbundenen dicken Sohle, die durch mangelnde Flexibilität das natürliche Abrollen des Fußes behindert. Auch an den Trainingsfortschritt müssen Laufschuhe fortwährend angepasst werden.

Ein häufiges Läuferproblem sind Knieschmerzen. Bei zu wenig Dämpfung ist die Belastung auf das Kniegelenk zu groß. Hat man einen Schuh mit zu viel Dämpfung, die man gar nicht benötigt, so hat das zur Folge, dass man durch die damit verbundene hohe Sprengung (also durch den Höhenunterschied zwischen Vorderfuß und Ferse) dazu tendiert, mit gestrecktem Bein und durchgedrücktem Knie auf dem Boden aufzukommen. Das hat eine enorme Belastung für das Kniegelenk zur Folge und kann ebenfalls zu Problemen führen. Das Tückische hierbei ist, dass solche Probleme erst nach einiger Zeit auftreten, sodass man sie zeitlich nicht exakt zuordnen kann.

Fußtypen

Normale und gesunde Füße haben heutzutage nur noch die wenigsten. Das Aufkommen von Senk-, Spreiz-, Plattfuß und Co. hat in den letzten Jahren zugenommen. Das liegt daran, dass unsere Fußmuskulatur nicht richtig trainiert ist, daher treten diese Probleme auch vermehrt bei Laufanfängern auf. Deshalb ist es gerade in der Anfangsphase wichtig, dem Fuß einen Schuh mit richtiger Passform, Stabilität und Dämpfung zu geben. Der Fuß muss ausreichend entlastet und gestützt werden, dabei aber auch bestmöglich gefordert werden, sodass ein Training der Fußmuskulatur möglich ist. Eine zu große Dämpfung schränkt die Bewegungsfreiheit ein und ist für den Trainingseffekt kontraproduktiv.

Sie sehen, wie wichtig es ist, sich den richtigen Laufschuh auszusuchen und wie viel dabei falsch gemacht werden kann. Deshalb ist es besonders wichtig, sich ausreichend Zeit für eine Beratung von gutem Fachpersonal zu nehmen und zusätzlich eine Laufanalyse machen zu lassen. Falsche Schuhe können Hüfte, Knie und vor allem die Füße falsch belasten, was zu enormen gesundheitlichen Problemen führen kann. Natürlich gibt es auch die Möglichkeit, Laufschuhe online zu bestellen. Viele lassen sich von der doch meist größeren Auswahl verführen. Ein großer Nachteil ist, dass hier keine Laufanalyse gemacht werden kann und auch die Beratung durch Fachpersonal wegfällt.

Kategorien von Laufschuhen

Jeder Laufschuh wird anhand von Anforderungen und Einsatzgebiet in eine bestimmte Kategorie unterteilt. Diese werden im Folgenden im Detail vorgestellt.

Bewegungskontrollschuh

Bevor Sie zu einem Bewegungskontrollschuh greifen, sollten Sie unbedingt vorher eine Laufanalyse machen und schauen, ob diese Schuhe wirklich für Sie geeignet sind. Diese Schuhe greifen durch ihre besonders starke Stützung des Fußes enorm in das natürliche Abrollverhalten des Fußes ein. Das kann dazu führen, dass der Fuß auf Dauer noch mehr geschwächt wird, da bei diesen Schuhen keine Trainingseffekte der Muskulatur oder Sehnen eintreten. Dafür wird der Fuß zu sehr gestützt und entlastet. Diese Schuhe sind vor allem für Läufer mit starker Überpronation geeignet, d. h., wenn der Fuß durch das natürliche Abrollverhalten stark nach innen knickt und so die Verletzungsgefahr durch Umknicken des Fußes gegeben ist. Durch seine starke Stützung mindert oder verhindert der Schuh gar komplett das Einknicken des Fußes.

Stabilschuhe

Auch der Stabilitätsschuh bewahrt den Läufer vor einem zu starken Einknicken nach innen. Diese Schuhe sind mit einer leichten bis mittelstarken Pronationsstütze ausgestattet, stützen also im Vergleich zu den Bewegungskontrollschuhen weniger. Sie schränken allerdings den Fuß nicht so stark in seiner natürlichen Bewegung ein wie ein Bewegungskontrollschuh. Dieser Schuh kommt vor allem bei Läufern zum Einsatz, die zu einem Senkfuß neigen und eine eher leichte bis mittlere Form der Überpronation haben. Sie können allerdings ganz unterschiedlich starke Stütz- und Dämpfungseigenschaften haben, sodass es innerhalb dieser Kategorie noch einmal eine große Variabilität gibt.

Stabilschuhe werden oft dann empfohlen, wenn die Fehlstellungen des Fußes durch vermehrtes Training noch reversibel sind oder zumindest verbessert werden können, wie z. B. bei einem Senkfuß. Stabilschuhe eignen sich für Läufer jeglicher Gewichtsklassen, wobei der Untergrund, auf dem überwiegend gelaufen wird, keine Rolle spielt. Dieser Schuh ist gedacht für lange, aber eher ruhige Dauerläufe im Fersenfußlauf. Auch hier ist eine Laufanalyse unbedingt zu empfehlen, bevor Sie zu einem Stabilschuh greifen.

Dämpfungsschuhe

Dämpfungsschuhe sind, wie der Name schon sagt, die Schuhe mit den höchsten Dämpfungseigenschaften in der Zwischensohle. Diese Schuhe eignen sich vor allem für lange ruhige Dauerläufe auf Asphalt oder generell hartem Boden, wobei der Laufstil eine untergeordnete Rolle spielt. Bei Dämpfungsschuhen ist es jedoch sehr wichtig, den Dämpfungsgrad individuell an den Läufer anzupassen. Dabei müssen Körpergewicht und Trainingszustand (wie oft wird gelaufen?) des Läufers sowie der Untergrund, auf dem gelaufen wird, beachtet werden. Die früher dominierende Meinung, dass viel Dämpfung immer gut ist, ist längst überholt. Hier gilt: Nur so viel wie nötig.

Neutralschuhe

Neutralschuhe erhalten ihren Namen durch den neutralen Sohlenaufbau. Dieser Schuh ermöglicht ein besonders natürliches Abrollverhalten des Fußes und hat keine stabilisierenden Elemente eingebaut. Zudem sind auch die Dämpfungseigenschaften des Schuhs eher gering gehalten, damit man ein besseres Gefühl für den Untergrund, auf dem gelaufen wird, bekommt. Das wird ebenfalls durch eine geringe Sprengung verstärkt. Dennoch bietet der Neutralschuh ausreichend Dämmung zum Schutz der Gelenke. In diesem Schuh werden Sehnen, Muskeln und Bänder besonders mittrainiert, was aber gleichzeitig auch zu einer höheren Belastung dieser führt. Verwendet man diese Art von Schuhen, ist es also ganz besonders wichtig, den Körper langsam an die Belastung durch das Laufen zu gewöhnen. Neutralschuhe können auch bei leichten Fußfehlstellungen getragen werden, wenn diese auf den schlechten Trainingszustand der Füße zurückzuführen sind und eine Verbesserung der Fußstellung möglich ist. Neutralschuhe sind ebenfalls geeignet für leichte bis mittelschwere Läufer sowie für Läufer, die etwas untrainiert sind, und ebenfalls für Läufe auf weichem bis mittelhartem Untergrund.

Leichtgewichtsschuhe

In diesen Schuhen werden häufig leichtere Materialien verwendet, um so das Gesamtgewicht des Schuhs geringer zu halten. Sie zeichnen sich durch eine sehr dünne und flexible Sohle aus und die Schuhe sind in Vorderfußbereich und Fersenbereich unterteilt. Der Schuh soll vor allem größere Geschwindigkeiten ermöglichen, Kraft sparen und einen besseren Bodenkontakt mit natürlichem Abrollverhalten des Fußes gewährleisten. Sie unterscheiden sich von richtigen Wettkampfschuhen dadurch, dass sie kaum Dämpfung oder Stützfunktion haben. Leichtgewichtsschuhe sind geeignet für schnelle Läufe über längere Distanzen, aber diese Schuhe sollten nicht getragen werden, wenn der Läufer übergewichtig ist, regelmäßig auf hartem Boden trainiert wird, der Läufer sehr untrainiert ist oder es sich um einen Laufanfänger handelt. Ebenso wenig sollten diese Schuhe gewählt werden, wenn Fehlstellungen des Fußes vorliegen, die nicht durch Training verbessert werden können.

Barfußschuhe

Barfuß- oder Minimalschuhe sind eine etwas neuere Entwicklung im Bereich der Laufschuhe. Sie sollen so gut wie möglich das natürliche Laufverhalten unterstützen, etwa gleich dem Barfußlaufen. Daher haben Barfußschuhe eine sehr dünne Sohle mit hoher Flexibilität. Das kommt daher, dass die Sohle in viele kleine Segmente unterteilt ist, die sich alle gegeneinander und unabhängig voneinander bewegen können. Außerdem haben sie keine stützende Funktion, eine geringe Sprengung und zeichnen sich durch die nicht vorhandene Fersenkappe aus. Die Idee hinter dem Laufen mit Barfußschuhen ist ein ganz anderer Laufstil als der üblicherweise genutzte.

Beim Barfußlaufen oder Natural Running setzt man nicht auf den typischen Fersenlauf, sondern man setzt den Mittelfuß dicht vor dem Körper auf. So sollen Gelenke und Knochenapparat des Körpers geschont werden. Diese Art des Laufens ist allerdings nicht für jeden geeignet. Übergewichtige Läufer, Anfänger oder Läufer mit stärkeren Fußfehlstellungen sollten auf diesen Laufstil in Kombination mit den Barfußschuhen verzichten. Auch wenn das Training überwiegend auf hartem Boden durchgeführt wird, ist dieser neue Trend ungeeignet.

Trailschuhe

Trailschuhe verwendet man vor allem, wenn man es bevorzugt, abseits von Wegen oder auf unebenem Gelände zu trainieren. Diese Schuhe sind häufig mit robustem und wasserabweisendem Obermaterial sowie mit einer verstärkten Zehenkappe und Fersenschale ausgestattet, um mehr Schutz vor Wurzeln, Steinen oder Ähnlichem zu haben. Zudem verleiht das dem Fuß Stabilität. Die Sprengung dieser Schuhe fällt eher gering aus, um ein besseres Laufgefühl und eine stärkere Trittfestigkeit zu gewährleisten. Trailschuhe müssen bestmöglich an das Terrain angepasst werden, in dem gelaufen wird. Eine höhere Dämpfung bietet mehr Schutz vor scharfkantigen Steinen, jedoch kann sich der Fuß durch die mangelnde Flexibilität nicht gut an den Boden anpassen und das Verletzungsrisiko steigt. Deshalb achten Sie genau darauf, in welchem Terrain Sie laufen möchten, und wählen Sie dafür nicht mehr Dämpfung als nötig, sonst leidet die Trittsicherheit und das Gefühl für den Untergrund.

Wettkampfschuhe

Wettkampfschuhe sind besonders leichte Schuhe, um gute Leistungen bei Wettkämpfen zu erzielen. Sie sind nur für erfahrene Läufer geeignet. Auf Dämpfung, eine hohe Sprengung oder Verstärkungen für die Stützfunktion wird zugunsten des Gewichts verzichtet. Dieser Schuh ist vor allem für schnelle Trainingseinheiten und Wettkämpfe, die im Vorderfußlauf absolviert werden, geeignet. Vorsicht: Durch die geringe Dämpfung und Stabilität des Schuhs ist der Wettkampfschuh nicht für das regelmäßige Training geeignet.

INTERVALLTRAINING ZUM AUFBAU

Durch die zeitweise enorm hohe Trainingsintensität ist die Belastung für das Herz-Kreislauf-System sowie für die Sehnen und Bänder sehr hoch. Aus diesem Grund ist das Intervalltraining nicht für jeden Läufer gut geeignet. Als Laufanfänger sollte man sich deshalb noch keine Gedanken über ein Intervalltraining machen. Um ein erfolgreiches Intervalltraining absolvieren zu können, muss eine gewisse Grundlagenausdauer vorhanden sein. Ohne fundamentale Basis wird auch das Intervalltraining keine Wirkung zeigen. Schaffen Sie es, fünf Kilometer oder 30 Minuten und mehr am Stück zu laufen und trainieren Sie regelmäßig, können Sie mit dem Intervalltraining beginnen.

Was allerdings als Laufanfänger ratsam ist, wenn man noch nicht länger an einem Stück laufen kann, ist die **extensive Intervallmethode**. Bei dieser Methode geht man über einen längeren Zeitraum und baut immer wieder kürzere Laufintervalle ein. Diese kann man dann nach Belieben und Trainingserfolgen in Bezug auf Länge und Wiederholungszahl steigern, bis man sein Ziel erreicht hat. Im Kapitel „Intervallmethode“ können Sie weitere Details zur extensiven und intensiven Intervallmethode erfahren.

Wie ein Trainingsplan für die ersten Wochen aussehen könnte, mit dem Ziel, zunächst 15 Minuten am Stück zu laufen, können Sie der folgenden Tabelle entnehmen:

	Woche 1	Woche 2	Woche 3	Woche 4
Montag	30 min flottes Gehen	10 min gehen zum Aufwärmen, Intervalltraining (3 min laufen, 2 min gehen -> 4 Wiederholungen), 5 min auslaufen	10 min gehen zum Aufwärmen, Intervalltraining (5 min laufen, 2 min gehen -> 3 Wiederholungen), 5 min auslaufen	10 min gehen zum Aufwärmen, 10 min Dauerlauf, 5 min auslaufen
Dienstag	Pause	Pause	Pause	Pause
Mittwoch	10 min gehen zum Aufwärmen, Intervalltraining (2 min laufen, 2 min gehen -> 4 Wiederholungen), 5 min auslaufen	10 min gehen zum Aufwärmen, Intervalltraining (4 min laufen, 1 min gehen -> 4 Wiederholungen), 5 min auslaufen	10 min gehen zum Aufwärmen, Intervalltraining (7 min laufen, 3 min gehen -> 2 Wiederholungen), 5 min auslaufen	10 min gehen zum Aufwärmen, Intervalltraining (8 min laufen, 4 min gehen -> 2 Wiederholungen), 5 min auslaufen
Donnerstag	30 min flottes Gehen	Pause	40 min flottes Gehen	Pause
Freitag	Pause	Pause	Pause	Pause
Samstag	10 min gehen zum Aufwärmen, Intervalltraining (4 min laufen, 2 min gehen -> 3 Wiederholungen), 5 min auslaufen	10 min gehen zum Aufwärmen, Intervalltraining (6 min laufen, 3 min gehen -> 2 Wiederholungen), 5 min auslaufen	10 min gehen zum Aufwärmen, Intervalltraining (8 min laufen, 4 min gehen -> 3 Wiederholungen), 5 min auslaufen	10 min gehen zum Aufwärmen, 15 min Dauerlauf, 5 min auslaufen
Sonntag	Pause	Pause	Pause	Pause

Diese Trainingspläne der ersten Wochen sind individuell gestaltbar und können je nach Trainingsstand zu Beginn des Laufens angepasst werden. Es handelt sich bei der angewandten Trainingsmethode um die extensive Intervallmethode, die bereits zu Anfang erläutert wurde. Diese dient dazu, sich an das längere Laufen heranzutasten. Zu Beginn des Trainings sind außerdem langsame Trainingseinheiten ohne Intervalle zu absolvieren, um den Körper an die zunehmende Belastung zu gewöhnen. Besonders wichtig bei den Einheiten ist, dass sich vor den Intervallen ordentlich aufgewärmt wird. Im Trainingsplan ist das Aufwärmen durch die zehn Minuten Gehen am Anfang gesichert. Sollten Sie merken, dass Ihnen die zehn Minuten Gehen zum Aufwärmen nicht ausreichen, können diese nach Belieben gesteigert werden. Das ist gerade beim Intervalltraining und später auch bei der intensiven Intervallmethode besonders wichtig, da das Aufwärmen vor Verletzungen, wie beispielsweise Muskelfaserrissen, schützt. Zudem sollte man nicht direkt nach einem Intervall aufhören und stehen bleiben. Ein sogenanntes Cool-down oder Auslaufen ist dazu da, den Puls wieder in normale Bereiche zu bringen. Auslaufen bedeutet in diesem Fall Gehen. Sollte Ihr Puls zu hoch werden und Sie müssen eine Pause machen, bleiben Sie bitte nicht abrupt stehen, sondern versuchen Sie, Ihr Tempo zu verlangsamen und schließlich langsam zu gehen.

Die Tage, an denen Sie pausieren, sind frei gestaltbar. Sollten Sie sehr motiviert sein, können Sie an den Tagen, an denen eine Pause eingetragen ist, ein Rekom-Training absolvieren. Sie können beispielsweise schwimmen gehen oder Rad fahren. Beachten Sie dabei bitte: Eine Rekom-Einheit soll der Regeneration dienen. Es geht in dieser Einheit nicht darum, den Puls hochzutreiben oder ein anstrengendes Training zu absolvieren.

DIE ERSTEN 3 KM

Ist man Laufanfänger, spielt die Laufzeit überhaupt keine Rolle. Zunächst ist es wichtig, das selbst gesteckte Ziel zu erreichen und eine gewisse Zeit oder eine bestimmte Distanz durchzulaufen. Allein darauf sollte man sich auch konzentrieren. Am einfachsten geht das, wenn man sich eine Strecke aussucht, die mehr oder weniger drei Kilometer lang ist. So hat man ein Ziel vor Augen und weiß, was noch vor einem liegt. Das kann motivierender sein, als nicht zu wissen, wie lange man noch laufen muss. Psychologie spielt beim Laufen nämlich ebenfalls eine große Rolle.

Wenn Sie sich an den Plan für die ersten vier Wochen gehalten haben, so haben Sie sich bereits eine gewisse Grundlagenausdauer aufgebaut. Hier findet jetzt ein Wechsel der Methodik statt. In den ersten Trainingseinheiten haben Sie sich auf die Zeit konzentriert und hatten diese vor Augen. Nun ist das anders. Sie haben sich eine Distanz als Ziel gesteckt: die drei Kilometer. Diese werden auch in der nächsten Zeit Ihr Ziel bleiben, da Sie wahrscheinlich gleich zu Beginn nicht die komplette Strecke durchlaufen werden können.

Nun laufen Sie los und versuchen dabei, so lange wie möglich durchzuhalten. Geht Ihnen die Puste aus, ist das kein Problem. Sie gehen so lange weiter, bis Sie das Gefühl haben, wieder weiter laufen zu können. Das wiederholen Sie, bis Sie die drei Kilometer geschafft haben. Im besten Fall laufen Sie für die nächsten Einheiten die gleiche Strecke, dann werden Sie merken, dass Sie das nächste Mal schon ein kleines Stück weiter laufen können. Wiederholen Sie diese Trainingseinheit, bis Sie die drei Kilometer durchlaufen können. **Sie haben Ihr Ziel erreicht und sich eine Belohnung verdient!**

WEITER GEHT'S: ZIELE SETZEN & VERFOLGEN

Ihr Ziel sollte in den nächsten Monaten sein, immer weitere Distanzen durchzulaufen. Sind die drei Kilometer geschafft, setzen Sie sich neue Ziele und arbeiten sich an größere Distanzen heran. Bleiben Sie dabei beharrlich. Jetzt fängt die Phase an, in der Sie die größten und schnellsten Erfolge sehen können. Sie haben sich bereits eine solide Grundlagenausdauer erarbeitet, nun kann diese durch andere Trainingseinheiten, wie beispielsweise durch das Intervalltraining oder durch Kraft- und Stabilisationsübungen, ergänzt werden, um Ihre Erfolge weiter zu steigern. Doch wie setzt man sich realistische Ziele? Im Folgenden finden Sie einige Tipps, wie Sie die Ziele wählen sollten und wie Sie diese dann auch erreichen.

Das Ziel muss erreichbar sein

Ein gutes Beispiel für zu hoch gesteckte Ziele ist jemand, der sich im neuen Jahr vornimmt, dreimal pro Woche eine halbe Stunde laufen zu gehen, um abzunehmen und fitter zu werden, sich vorher allerdings kaum sportlich betätigt hat. Man kann schon im Vorhinein sagen, dass diese Person mit größter Wahrscheinlichkeit zu denen gehört, die genauso schnell mit dem Laufen aufhören, wie sie auch damit angefangen haben.

Ein ganz wichtiger Punkt ist, dass Sie sich realistisch einschätzen und sich Ziele stecken, die Sie auch erreichen können. Das motiviert und im Anschluss können Sie sich ein neues Ziel überlegen, welches vielleicht dann etwas schwieriger zu erreichen ist. Bewährt hat sich auch eine Methode, in der man sich Zielstufen setzt. Beispielsweise möchte man die fünf Kilometer unter 30 Minuten laufen. Hier würde man sich dann verschiedene Zielstufen ausdenken, z. B.:

- Ziel 1: fünf Kilometer unter 30 Minuten laufen (größter, realistischer Wunsch)
- Ziel 2: fünf Kilometer in 32 Minuten laufen (wäre auch prima)
- Ziel 3: fünf Kilometer in 35 Minuten laufen (ich war schon nah dran und kann das Ziel fast sicher erreichen)

Das Ziel klar formulieren und aufschreiben

Ziele, die nicht schriftlich festgehalten werden, gehen oft so schnell wieder verloren, wie sie gefasst wurden. Formulieren Sie Ihre Ziele klar, besonders, wenn Sie das Zielstufenkonzept nutzen. Notieren Sie am besten Ihr Ziel auf einem kleinen Zettel und pinnen Sie diesen an die Pinnwand, an den Kühlschrank oder irgendwohin, wo Sie ihn ständig sehen. So gerät das Ziel nicht in Vergessenheit.

Sehr motivierend kann auch sein, wenn man sich überlegt und notiert, was sich im Leben verändern würde, wenn man dieses Ziel erreicht. Vielleicht möchte man sich, wenn das Ziel erreicht ist, bei einem Wettbewerb anmelden oder man fühlt sich generell einfach weniger ausgepowert nach dem Training und kann noch andere Aktivitäten verfolgen.

Bis wann soll das Ziel erreicht werden?

Ebenfalls sehr wichtig ist, dass Sie sich für das Erreichen eines Ziels einen zeitlichen Rahmen setzen. Unerreichte Ziele lange vor sich herzuschieben, dämpft die Motivation. Fangen Sie also am besten mit kleinen Zielen und eher kurzen zeitlichen Rahmenbedingungen an.

Belohnung

Haben Sie Ihr Ziel erreicht, haben Sie sich eine Belohnung verdient. Überlegt man sich vorher eine Belohnung, kann das zusätzlich zur Motivation beitragen, ein bestimmtes Ziel zu erreichen. Man kann sich sowohl mit materiellen Dingen belohnen (neue Laufschuhe oder Laufkleidung) als auch mit einem guten Essen mit dem Partner oder einem Kinoabend. Ihrer Fantasie ist keine Grenze gesetzt. Probieren Sie aus, was Sie am meisten motiviert.

DIE ERSTEN 5 KM

Bei einer Trainingsdistanz von drei bis fünf Kilometern sind Sie immer noch in einem Bereich, in dem das Lauftempo noch keine große Rolle spielt. Es gibt drei Variablen, die im Laufsport verändert werden können: die Häufigkeit des Trainings, die gelaufene Distanz und die Intensität des Laufes, sprich das Lauftempo. An Letzterem wird erst gearbeitet, wenn Sie eine solide Grundlagenausdauer aufgebaut haben. Zu Beginn des Lauftrainings wird immer zuerst an der Distanz, die gelaufen wird, gearbeitet.

Sie schaffen es bereits, die drei Kilometer am Stück durchzulaufen? Prima, der nächste Schritt ist dann gar nicht mehr allzu weit entfernt. Schaffen Sie die drei Kilometer solide, ist es Zeit für ein neues Ziel: Die fünf Kilometer rufen!

Es gibt mehrere Methoden, wie Sie nun Ihre Laufdistanz um weitere zwei Kilometer steigern können. Das kommt ganz individuell auf Sie an und auch auf Ihren Trainingsstand. Wie leicht es Ihnen fällt, die drei Kilometer durchzulaufen, hängt ganz davon ab, wie Sie nun weitertrainieren. Fallen Ihnen beispielsweise die drei Kilometer noch sehr schwer und Sie schaffen diese Distanz gerade so, sollten Sie wieder einen kleinen Schritt zurück machen und auf das extensive Intervalltraining zurückgreifen. Das bedeutet, Sie powern sich nicht gleich auf den ersten drei Kilometern aus, indem Sie diese Strecke durchlaufen, sondern Sie planen von vornherein wieder kürzere Laufintervalle, kombiniert mit Gehpausen, und steigern diese langsam, bis Sie es schaffen, die fünf Kilometer komplett durchzulaufen. Wie so etwas aussehen könnte, sehen Sie im Folgenden:

Ziel 5 km	Woche 1	Woche 2	Woche 3	Woche 4
Montag	5 min gehen zum Aufwärmen, Intervalltraining (5 min laufen, 3 min gehen -> 4 Wiederholungen), 5 min auslaufen	5 min gehen zum Aufwärmen, Intervalltraining (8 min laufen, 3 min gehen -> 3 Wiederholungen), 5 min auslaufen	5 min gehen zum Aufwärmen, Intervalltraining (10 min laufen, 3 min gehen -> 3 Wiederholungen), 5 min auslaufen	5 min gehen zum Aufwärmen, Intervalltraining (15 min laufen, 3 min gehen -> 2 Wiederholungen), 5 min auslaufen
Dienstag	Pause	Pause	Pause	Pause
Mittwoch	5 min gehen zum Aufwärmen, Intervalltraining (6 min laufen, 3 min gehen -> 4 Wiederholungen), 5 min auslaufen	5 min gehen zum Aufwärmen, Intervalltraining (9 min laufen, 3 min gehen -> 3 Wiederholungen), 5 min auslaufen	5 min gehen zum Aufwärmen, Intervalltraining (15 min laufen, 5 min gehen -> 2 Wiederholungen), 5 min auslaufen	5 min gehen zum Aufwärmen, 30 min Dauerlauf, 5 min auslaufen
Donnerstag	Pause	Pause	Pause	Pause
Freitag	Pause	Pause	Pause	Pause
Samstag	5 min gehen zum Aufwärmen, Intervalltraining (5 min laufen, 3 min gehen -> 4 Wiederholungen), 5 min auslaufen	5 min gehen zum Aufwärmen, Intervalltraining (8 min laufen, 3 min gehen -> 3 Wiederholungen), 5 min auslaufen	5 min gehen zum Aufwärmen, Intervalltraining (10 min laufen, 3 min gehen -> 3 Wiederholungen), 5 min auslaufen	5 min gehen zum Aufwärmen, Intervalltraining (20 min laufen, 5 min gehen -> 2 Wiederholungen), 5 min auslaufen
Sonntag	Pause	Pause	Pause	Pause

Sollten Sie merken, dass der Plan zu ambitioniert oder zu einfach für Sie ist, kann dieser individuell angepasst werden, indem Einheiten, mit denen Sie Probleme haben, einfach noch einmal wiederholt werden oder Einheiten weggelassen werden. Jeder Mensch baut unterschiedlich schnell Kondition auf, weshalb es unmöglich ist, einen allgemeingültigen Plan für jeden aufzustellen. Die Trainingspläne sind lediglich Richtlinien und Tipps, wie Sie es schaffen könnten, eine bestimmte Distanz am Stück zu laufen.

Fallen Ihnen die drei Kilometer schon etwas leichter und Sie haben das Gefühl, auch nach drei Kilometern noch gut ein Stück weiterlaufen zu können, sollten Sie auch genau das tun. Probieren Sie aus, wie weit Sie kommen, bis Ihnen die Puste ausgeht. Wenn das der Fall ist, gehen Sie ein Stück, bis sich Ihr Puls beruhigt hat, und fangen Sie dann wieder an, zu laufen. Sollten Sie für die nächsten Trainingseinheiten die gleiche Strecke beibehalten, so können Sie sich merken, wo Sie stoppen mussten. Ihr Ziel sollte es bei jeder neuen Trainingseinheit sein, etwas weiter als beim letzten Training zu kommen. Seien Sie jedoch nicht zu hart zu sich selbst. Auch im Laufsport gibt es gute und schlechte Tage. Wenn Sie es einmal nicht so weit schaffen wie bei der Einheit zuvor, machen Sie sich keine Gedanken. Geben Sie Ihrem Körper vielleicht einen Regenerationstag mehr und versuchen Sie es dann erneut.

Krafttraining: Prävention & Leistungssteigerung

WARUM KRAFTTRAINING (GERADE) FÜR LÄUFER WICHTIG IST

Laufen ist zwar eine monotone, aber dennoch nicht zu unterschätzende Bewegung. Beim Laufen ist die Belastung auf den passiven Bewegungsapparat, wie Knochen, Sehnen und Bänder, enorm hoch, teilweise muss das Drei- bis Vierfache des eigenen Körpergewichts abgefedert werden. Deshalb gilt es, einen Ausgleich zu schaffen und auf eine gute Unterstützung des aktiven Bewegungsapparates, also der Muskeln, hin zu trainieren. Häufig hat Krafttraining nicht die höchste Priorität bei Läufern. Doch auch durch zusätzliches Krafttraining kann man seine Laufleistung verbessern. Nicht nur das, denn Krafttraining beugt Verletzungen vor und hilft zudem bei der Gewichtsreduktion.

Gerade, wenn man im Job viel sitzt und den ganzen Tag am Computer arbeitet, leidet die Haltemuskulatur des Körpers enorm. Durch die Dysbalance der einzelnen Muskelgruppen und eine schlechte allgemeine Körperhaltung steigt auch die Verletzungsgefahr beim Laufen. Gerade deshalb ist regelmäßiges Krafttraining auch für Laufanfänger sehr wichtig und darf nicht vernachlässigt werden. Ist zudem mehr Muskelmasse vorhanden, so wird beim Training auch mehr Fett verbrannt, da dieser energetische Prozess in den roten Muskelfasern des

Körpers stattfindet. Sind davon mehr vorhanden, wird folglich auch mehr Fett verbrannt. Krafttraining unterstützt also auch beim Abnehmen.

Außerdem profitieren der Laufstil und dadurch auch die Laufökonomie. Bewegungsabläufe können mit mehr Muskelmasse leichter absolviert werden. Beim Laufen werden Muskelgruppen, wie die Beinmuskulatur, viel stärker trainiert als beispielsweise die Arme. Durch das Krafttraining wird ein Ausgleich wichtig, sodass keine Dysbalance zwischen Beinmuskulatur und dem Rest des Körpers entsteht. Deshalb sollten neben der Beinmuskulatur auch das Körperzentrum und die Arme gestärkt werden. Im Folgenden finden Sie die **Vorteile**, wenn Sie neben dem Laufen auch Kraftübungen absolvieren:

- Fördert eine bessere und sauberere Lauftechnik
- Das Verletzungsrisiko sinkt
- Fördert einen ökonomischen Laufstil
- Erhöht den Ermüdungswiderstand der Muskulatur
- Verbessert die Laufleistung oder die Pace (Distanz, die in einer bestimmten Zeit zurückgelegt wird)
- Mehr Muskelmasse erhöht den Grundumsatz und hilft somit beim Abnehmen

Welches Krafttraining eignet sich für Läufer besonders gut?

Nicht jedes Krafttraining ist gleich. Das Trainingsziel spielt auch im Bereich des Krafttrainings eine ganz wichtige Rolle. So ist z. B. die Muskulatur, die ein Läufer aufbauen möchte, eine ganz andere als die, auf die Bodybuilder hinarbeiten. Diese trainieren ihre Muskeln, indem sie schwere Gewichte stemmen, also hohes Gewicht bei sehr geringer Wiederholungszahl. So lässt man seine Muskeln wachsen und treibt diese zu Höchstleistungen an. Häufig führt allerdings das Stemmen von schweren Gewichten auch zu Problemen. Es kommt häufig zur Dysbalance der Muskulatur, was wiederum zu Haltungsproblemen oder Schmerzen in Gelenken führen kann. Auch ist das Stemmen dieser Gewichtsklassen eine enorme Belastung für den Knochenapparat.

Die Muskulatur, die für das Laufen hilfreich ist, ist auch die Muskulatur, die durch Kraftausdauer trainiert wird. Unterschied ist hier, dass kleine Gewichte mit sehr hoher Wiederholungszahl gestemmt werden. So fördert man das Muskelwachstum und senkt gleichzeitig durch eine gewisse Gewöhnungszeit der Muskulatur das Risiko der vorzeitigen Ermüdung dieser.

Bodyweight-Übungen

Diese Art der Kraftübung ist für Läufer besonders gut geeignet. Hierbei handelt es sich um Übungen, die ausschließlich mit dem eigenen Körpergewicht absolviert werden. Diese Übungen haben viele Vorteile. Sie beanspruchen meist mehrere Muskelgruppen gleichzeitig, da es sich vor allem um Halteübungen handelt. Das Krafttraining ist so ausgewogener, als wenn nur jeweils eine Muskelgruppe trainiert würde. Außerdem kommt es in der Regel zu keiner Überbelastung, da ausschließlich das eigene Körpergewicht gehalten und gestemmt wird, und nicht mehr. Der Nachteil an dieser Stelle ist, dass man die Belastung schlecht dosieren kann. Eine Variation des Gewichts ist nur dann möglich, wenn man mit Hebelwirkung arbeitet. Ganz einfaches Beispiel sind hier die Liegestütze. Gerade viele Frauen tun sich am Anfang schwer, mehrere Liegestütze am Stück zu absolvieren. Dem kann Abhilfe geschaffen werden, indem man nicht die Fußspitzen den Boden berühren lässt, sondern die Knie, der Rest der Körperhaltung bleibt gleich. Der Hebel wird hier verändert, sodass die benötigte Kraft, um sich mit den Armen wieder nach oben zu drücken, verringert wird. Ein weiterer Vorteil ist, dass man diese Übungen zu Hause durchführen kann und man kein teures Abo in einem Fitnessstudio bezahlen muss.

Welche Muskelgruppen sollten trainiert werden?

Beim Laufen wird überwiegend die Bein- und Hüftmuskulatur trainiert und gefordert. So ziemlich alle anderen Muskelgruppen sind allerdings auch mehr oder weniger an der Laufbewegung beteiligt. Belastungsschwerpunkte sind vor allem Waden und Oberschenkel, also die Vorder- und Rückseite. Deshalb sollten beim Krafttraining gezielt die Muskelgruppen gestärkt werden, die eben weniger beim Laufen beansprucht werden, aber trotzdem wichtig sind, wie z. B. Armmuskulatur oder der Rücken. Häufig vernachlässigen Sportler auch die Muskelgruppen, die sie nicht sehen. So sind häufig Brust- und Bauchmuskulatur viel besser trainiert als der Rücken. Genau das Gleiche gilt bei Läufern für die vordere und hintere Oberschenkelmuskulatur. Doch wer beim Laufen mit dem Oberkörper aufgrund fehlender Rückenmuskulatur einknickt, der kann nicht effizient laufen und muss mehr Energie aufwenden. Die Rückenmuskulatur im Lendenwirbelbereich sorgt für den Vortrieb beim Laufen und die obere Rückenmuskulatur für eine ökonomische Körperhaltung. Achten Sie also darauf, dass Sie immer Vorder- und Hinterseite einer Muskelgruppe trainieren, und legen Sie dabei besonderes Augenmerk auf Ihre Rückenmuskulatur, denn diese ist tatsächlich bei den meisten schon zu Beginn des Trainings schwächer ausgeprägt.

Körperzentrum

Zum Körperzentrum beziehungsweise zur Core-Muskulatur zählen alle Muskelgruppen von der Hüfte aufwärts, die das Rückgrat stützen. Dieses Training soll dem Rumpf mehr Kraft und Stabilität geben und durch eine Stärkung der Haltemuskulatur alle anderen Trainingseinheiten effizienter gestalten. Eine gut ausgeprägte Rumpfmuskulatur fördert die Laufleistung und ist die beste Prävention für typische Laufverletzungen. Bauch- und Hüftmuskulatur sorgen für kräftige Schritte und sind für die Beschleunigung zuständig, die man bei Intervalltrainingseinheiten oder gar Wettkämpfen braucht. Die Rumpfmuskulatur stabilisiert außerdem den Oberkörper und die Hüfte, während man beim Laufen das Gewicht von einem Bein auf das andere verlagert. Bei langen Läufen lässt zudem die stoßdämpfende Wirkung der Bandscheiben im Rücken mit der Zeit nach, sodass eine starke Rumpfmuskulatur das Abfedern des Körpergewichts unterstützen kann und somit Rückenschmerzen vorbeugt.

Rückenmuskulatur

Zur Rückenmuskulatur zählen der Rückenstrecker, der breite Rückenmuskel, der Trapezmuskel und die Rautenmuskeln. Diese Muskeln haben zwar nur indirekt etwas mit dem Laufen zu tun, sind aber dennoch beteiligt und können bei guter Ausbildung zu einer besseren Pace beitragen. Diese Muskeln verhindern auf der einen Seite Ausweichbewegungen der Hüfte und auf der anderen Seite Rotationsbewegungen oder das Einknicken des Oberkörpers beim Laufen. Beides führt zu einem Energieverlust. Bei richtiger Ausführung resultiert die gesparte Energie in einer besseren Laufleistung.

Hüfte und Gesäß

Muskeln wie der Hüftbeuger, die hüftstreckende Muskulatur der Beinrückseite sowie die Gesäßmuskulatur müssen beim Laufen einwandfrei zusammenarbeiten. Ein reibungsloses Zusammenspiel kann durch die Dysbalance dieser Muskeln gestört werden. Der große Gesäßmuskel ist dabei besonders wichtig, denn er ist für die Streckung der Hüfte und damit die Dynamik beim Laufen verantwortlich. Ein starker Gesäßmuskel und dazu ein flexibler Hüftbeuger erlauben einen sauberen Laufstil und damit auch eine hohe Pace.

Armmuskulatur

Auch die Armarbeit ist beim Laufen sehr wichtig. Dafür braucht man eine gut ausgeprägte Arm- und Schultermuskulatur. Eine aktive Armarbeit spart Energie und erhöht die Laufleistung.

Tipps für ein besseres Krafttraining

Routine finden

Da das Krafttraining bei vielen Läufern eher als notwendiges Übel angesehen wird, werden gerade die Krafttrainingseinheiten oft verschoben. Wie beim Laufen auch, ist es sehr wichtig, für das Krafttraining eine Routine aufzubauen. Das macht vieles um einiges leichter. Definieren Sie einen Zeitpunkt, an dem Sie die Kraftübungen durchführen, ob morgens direkt nach dem Aufstehen, am Abend, bevor Sie ins Bett gehen, oder vor einer lockeren Laufeinheit. Suchen Sie für sich die Zeit aus, die am besten passt, und halten Sie sich daran, bis der Termin für Sie so fest dazugehört wie die Laufeinheiten selbst.

Klein anfangen

Genau wie beim Laufen sollten Sie sich zu Beginn nicht selbst überschätzen und sich zu viel vornehmen. Schaffen Sie ein gesetztes Ziel nicht, schadet das der Motivation. Auch wenn Sie am Anfang nicht gleich drei Sätze einer Übung schaffen: Ein Satz ist besser als kein Satz. Sie werden sehen, wenn Sie dranbleiben, werden Sie sehr schnell Erfolge feststellen und Ihr Körper wird es Ihnen danken.

Plan vorbereiten

Ganz wichtig ist, dass Sie sich vor Beginn der Krafteinheit einen Plan machen. Welche Übungen möchten Sie machen, welche Muskelgruppen wollen Sie ansprechen? Bereiten Sie die Übungen in Ihrem Kopf vor oder machen Sie sich einen Trainingsplan, sollten Sie sich die Übungen zu Beginn noch nicht so gut merken können. Nichts ist demotivierender, als wenn man während einer Einheit keine Übung mehr weiß oder wenn man zu Beginn gleich zehn Minuten überlegen muss, mit welcher Übung man anfangen möchte.

PENSUM: WIE OFT SOLLTE KRAFTTRAINING ERFOLGEN?

Nicht jeder hat die Zeit, dreimal pro Woche Laufen zu gehen und noch zusätzlich zwei Einheiten Krafttraining, und am besten noch eine Einheit Stabilisationsübungen, zu absolvieren. Der Fokus für Läufer soll nach wie vor auf den Laufeinheiten liegen. Für eine deutlich spürbare Wirkung wäre es optimal, neben dem Lauftraining zwei Kraftübungseinheiten pro Woche in den Trainingsplan zu integrieren. Allerdings kann auch schon eine Krafttrainingseinheit pro Woche ihre Wirkung zeigen, denn einmal ist besser als keinmal. Gerade, wenn neben dem Krafttraining auch noch Stabilitätstraining absolviert wird, ist das Krafttraining einmal pro Woche ausreichend. Dabei können beispielsweise auch Laufeinheiten mit dem Krafttraining kombiniert werden. Man sollte nur beachten, dass man das bevorzugte Training an den Anfang der Einheit legt. Legt man den Fokus also an diesem Tag auf das Krafttraining, so sollte man damit anfangen und anschließend einen lockeren Dauerlauf absolvieren, je nachdem, wie die eigene Kraft es dann noch zulässt. Genauso ist es, wenn man den Fokus auf die Ausdauer legt: Hier sollte man die Laufeinheit zuerst absolvieren, und wenn möglich, anschließend noch ein paar Gewichte stemmen.

Eine weitere Möglichkeit ist, den Fokus außerhalb der Laufsaison auf das Krafttraining zu legen. Gerade im Winter ist es angenehmer, drinnen ein paar Kraftübungen durchzuziehen, als draußen in der Kälte einen Dauerlauf zu absolvieren. Man kann daher den Winter vermehrt nutzen, um eine gewisse Muskelmasse aufzubauen, die dann über den Sommer mit einer Krafteinheit pro Woche und mehr Lauftraining gehalten wird, während im Winter dann wieder der Fokus etwas mehr auf dem Krafttraining liegt.

Generell ist jedoch das erforderliche Pensum des Krafttrainings auch abhängig vom individuellen Trainingszustand des Läufers. Bei Läufern, die von Natur aus schon sehr durchtrainiert sind und gut auf Krafttraining ansprechen, reicht eine Einheit pro Woche zum Ausgleich vollkommen aus, während Läufer, die sehr untrainiert sind, gut daran täten, sich erst einmal eine Grundmuskelmasse aufzubauen, um vor allem auch das Verletzungsrisiko beim Laufen zu senken.

DER ZIRKELTRAININGSPLAN: MIT ABWECHSLUNG ZU MEHR KRAFT & FLEXIBILITÄT

Mit einem Zirkeltraining kann man schnell und effektiv den ganzen Körper trainieren. Dabei kann es sich um Kraftübungen, aber auch Stabilisations-, Ausdauer- oder Sprungkraftübungen handeln. Es werden nacheinander verschiedene Übungen absolviert, die typischerweise in einem Kreis aufgebaut sind, daher kommt auch der Name des Zirkeltrainings. Die dynamischen Übungen trainieren viele verschiedene Muskelgruppen und erhöhen gleichzeitig die Pulsfrequenz. Die Übungen eines Zirkeltrainings werden in der Regel schnell hintereinander abgearbeitet, mit lediglich kurzen Pausen dazwischen.

Die Übungen sollten für 45 Sekunden ausgeführt werden. Im folgenden Teil finden Sie drei Trainingsprogramme für ein Kraftausdauer-Zirkeltraining, das speziell auf Läufer zugeschnitten ist. Ein Zirkeltraining sollte an die 20 Minuten dauern. Sollten Sie eine separate Krafteinheit durchführen, können durchaus zwei Runden eines Zirkeltrainings absolviert oder auch zwei Zirkeltrainings kombiniert werden.

Zirkeltraining 1

Übung 1: Bauch

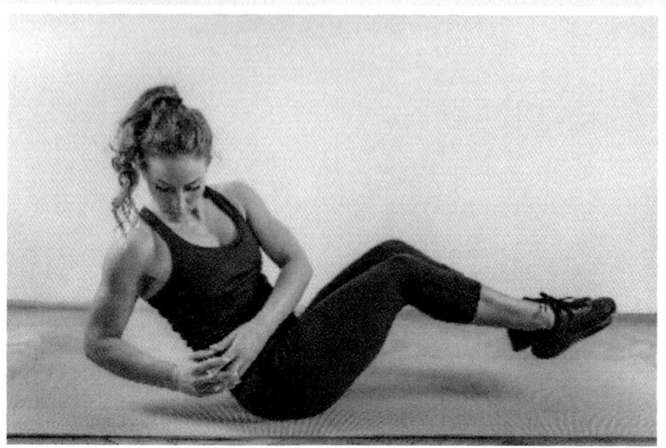

Setzen Sie sich aufrecht auf den Boden. Heben Sie nun die Beine angewinkelt in die Luft, sodass nur noch Ihr Gesäß den Boden berührt. Falten Sie die Hände mit leicht angewinkelten Armen vor dem Oberkörper zusammen. Führen Sie nun die Hände abwechselnd rechts und links an den Beinen vorbei, der Winkel der Arme wird dabei nicht verändert, sodass Sie den Oberkörper auf- und absenken müssen, wie bei Sit-ups. Durch die seitliche Bewegung werden zusätzlich die seitlichen Bauchmuskeln mittrainiert.

Übung 2: Arme

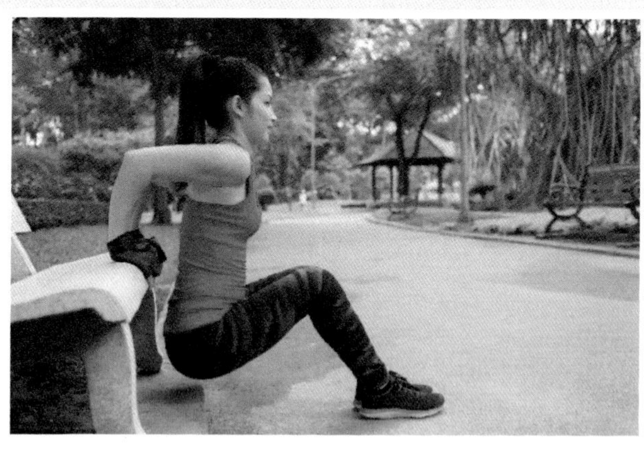

Setzen Sie sich rückwärts vor einen niedrigen Schrank. Stützen Sie sich mit den Händen auf dem Schrank ab und heben Sie Ihren Körper in die Luft. Nur die Fersen sollten jetzt noch den Boden berühren. Bewegen Sie nun Ihren Körper auf und ab, indem Sie die Arme anwinkeln und Ihren Körper dann wieder nach oben drücken. Senken Sie Ihren Oberkörper so weit ab, bis die Oberarme parallel zum Boden sind.

Übung 3: Beine

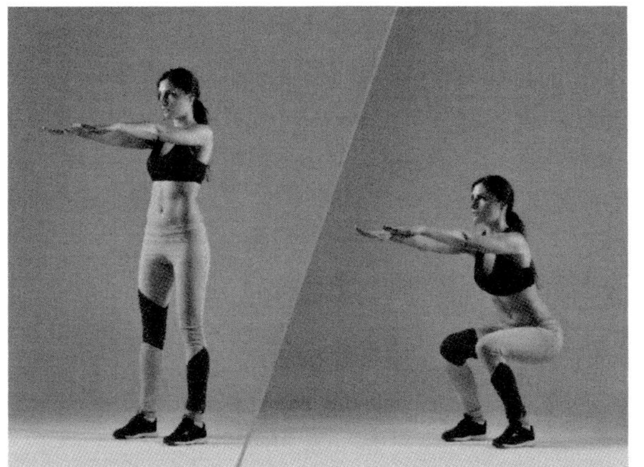

Stellen Sie sich aufrecht hin, die Füße schulterbreit auseinander. Die Arme winkeln Sie am Körper an und halten diese angespannt. Spannen Sie die Bauchmuskeln an und gehen Sie nun langsam nach unten in die Hocke. Versuchen Sie zunächst, nicht zu weit nach unten zu gehen, die Knie sollten in etwa einen rechten Winkel bilden. Drücken Sie sich nun wieder nach oben.

Übung 4: Ganzer Körper

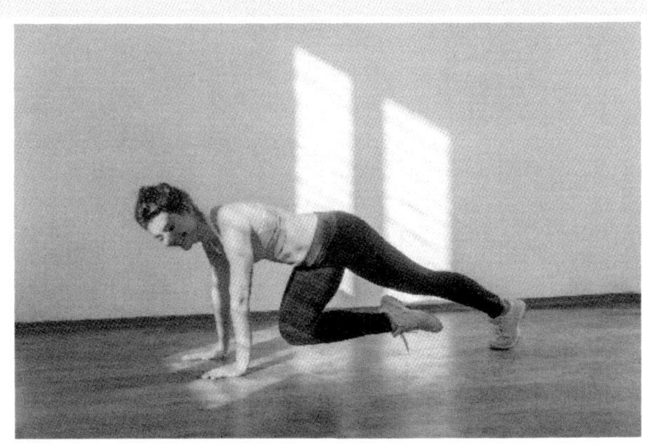

Begeben Sie sich in die Liegestütz-Position. Die Hände stützen dabei das Körpergewicht unterhalb der Schultern. Heben Sie nun das rechte Bein vom Boden und ziehen Sie das Knie an den Körper heran. Achten Sie darauf, dass Ihre Hüfte dabei gerade bleibt und nicht abknickt. Stellen Sie das Bein wieder ab und wiederholen Sie das Gleiche mit dem linken Bein.

Übung 5: Hüfte

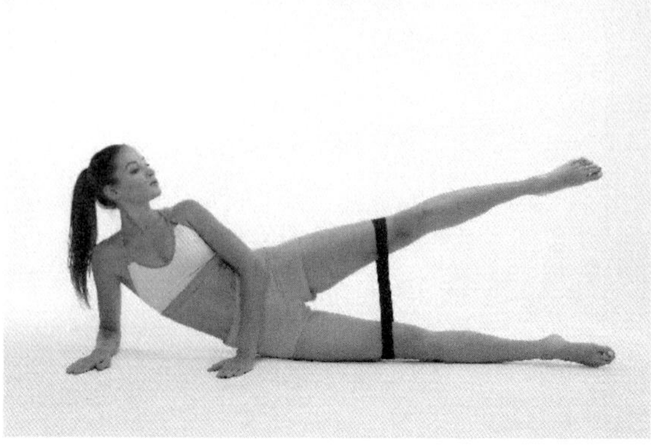

Legen Sie sich auf die Seite. Stützen Sie mit dem unteren Arm Ihren Kopf ab, den oberen Arm stemmen Sie in die Hüfte. Nun heben Sie das obere Bein langsam an und senken es dann wieder ab. Wiederholen Sie diese Übung in den nächsten 45 Sekunden, damit auch das andere Bein trainiert wird.

Übung 6: Beine

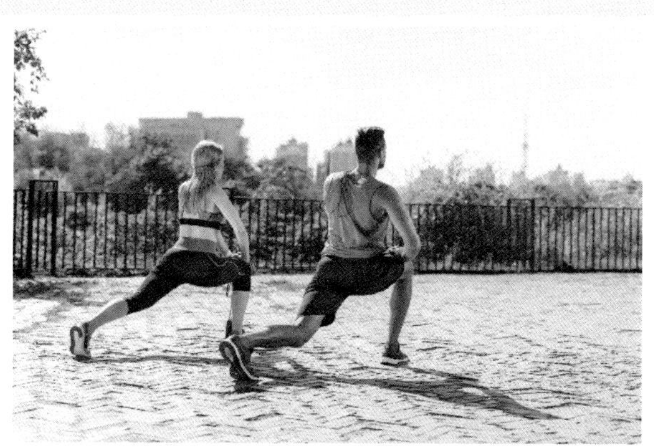

Stellen Sie sich aufrecht an das eine Ende der Matte. Machen Sie nun einen mittelgroßen Ausfallschritt nach vorne. Bewegen Sie Ihren Oberkörper in Richtung Boden, sodass Sie leicht mit dem hinteren Knie den Boden berühren (nicht absetzen). Drehen Sie dabei den Oberkörper leicht in Richtung des vorderen Beins. Die Position kurz halten und dann wieder nach oben drücken und aufrichten. Gehen Sie in die Ausgangsposition zurück und wechseln Sie das Bein.

Übung 7: Ganzer Körper

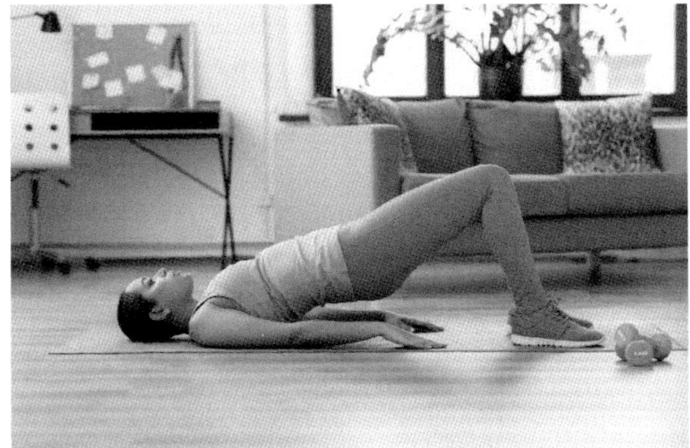

Bei dieser Übung starten Sie in Rückenlage. Sie winkeln beide Beine im rechten Winkel an und heben Ihr Gesäß vom Boden ab. Spannen Sie dabei Bauch und Gesäß an, um eine möglichst gerade Linie mit Ihrem Körper zu bilden. Heben Sie nun ein Bein vom Boden und strecken Sie es nach vorne weg. Achten Sie darauf, dass bei der Übung die Hüfte gerade bleibt und nicht abkippt. Gehen Sie in die Ausgangsposition zurück und wechseln Sie das Bein.

Zirkeltraining 2

Übung 1: Ganzer Körper

Legen Sie sich in Bauchlage auf eine Matte. Stützen Sie sich nun mit den Unterarmen auf dem Boden ab und bringen Sie Ihren Körper in eine Liegestütz-Position. Blicken Sie dabei zum Boden, der Nacken sollte die Verlängerung der Wirbelsäule sein. Wichtig ist, dass Sie versuchen, gerade zu bleiben und nicht durchzuhängen oder das Gesäß zu weit in die Luft zu strecken, der Körper sollte eine gerade Linie ergeben. Fangen Sie nun an, abwechselnd die Füße kurz vom Boden zu heben. Bleiben Sie dabei stabil in der Hüfte und kippen Sie diese nicht zur Seite ab.

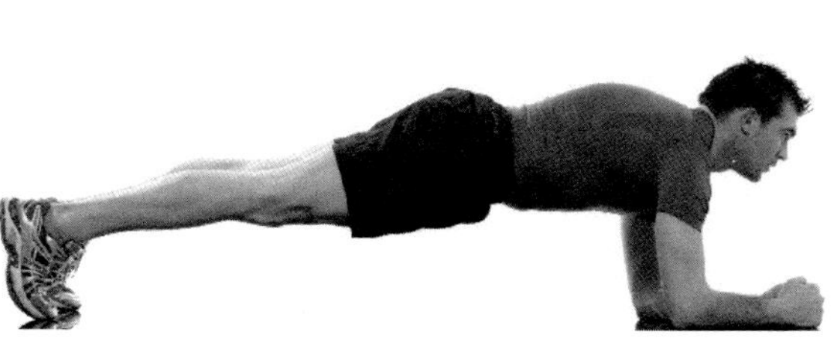

Übung 2: Arme und Schultern

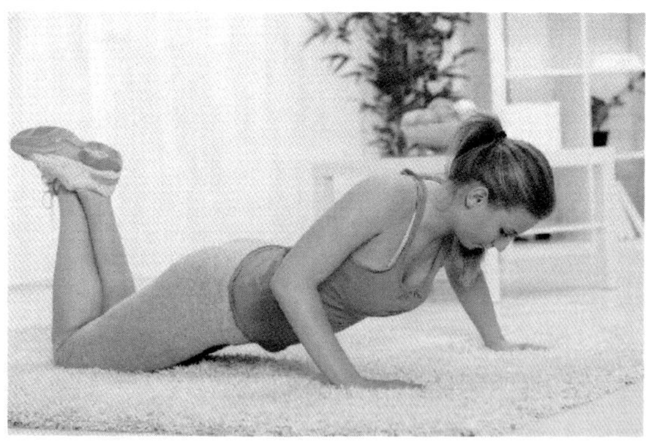

Bei dieser Übung absolvieren Sie die typischen Liegestütze. Sollte das für Sie zu schwer sein, so können Sie den Hebel verändern, indem Sie mit den Knien und nicht mit den Fußspitzen den Boden berühren, so sind die Liegestütze etwas einfacher.

Übung 3: Beine

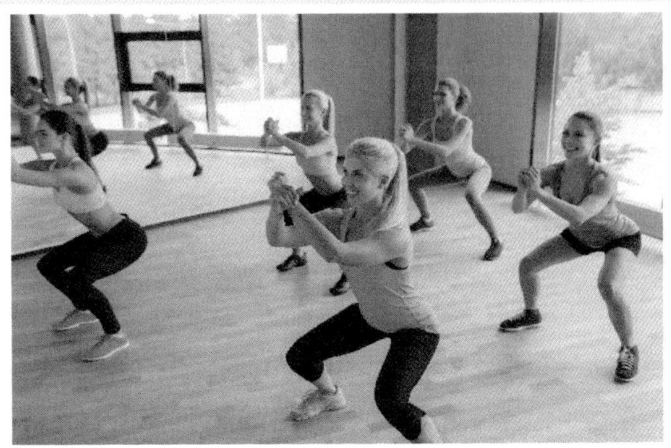

Stellen Sie sich an das eine Ende Ihrer Matte. Gehen Sie nun in die Hocke (nicht zu tief gehen) und laufen Sie in dieser Stellung über die Matte. Die Arme führen Sie dabei vor dem Körper zusammen und halten sie dort. Sind Sie am Ende der Matte angekommen, richten Sie sich auf und starten die Übung erneut, bis die Zeit von 45 Sekunden abgelaufen ist.

Übung 4: Ganzer Körper

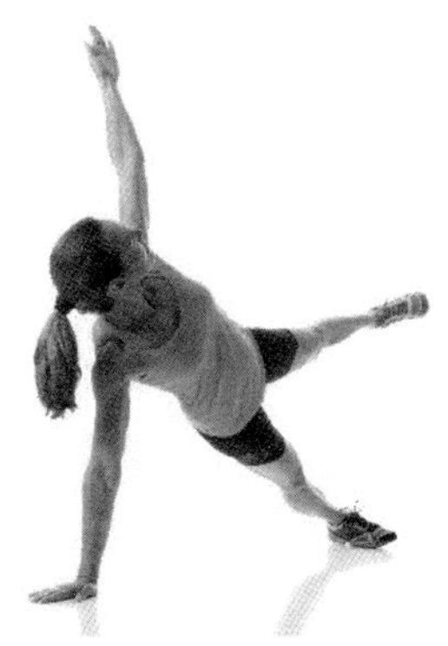

Legen Sie sich seitlich auf die Matte. Stützen Sie nun Ihren Unterarm auf der Matte auf und drücken Sie die Hüfte vom Boden hoch. Lediglich der Unterarm und die Außenseite des Fußes berühren jetzt noch die Matte. Achten Sie darauf, dass Ihr Körper eine Linie bildet und Sie nicht durchhängen. Fangen Sie nun an, das obere Bein auf und ab zu bewegen. Wiederholen Sie diese Übung in den nächsten 45 Sekunden, damit auch die andere Körperseite trainiert wird.

Übung 5: Bauch

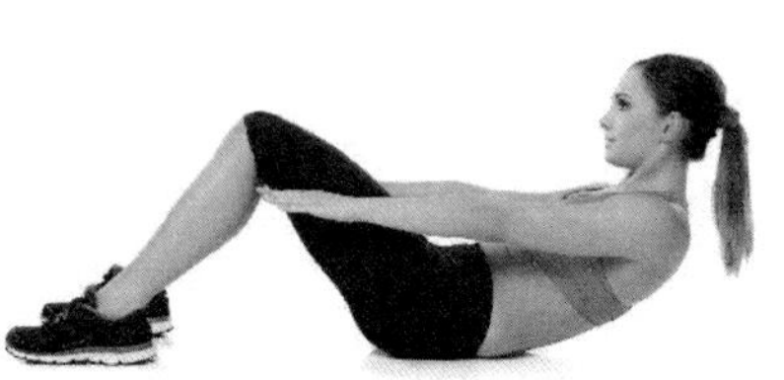

Legen Sie sich mit dem Rücken auf die Matte. Die Füße werden dicht am Gesäß aufgestellt. Ihre Arme sind seitlich neben dem Körper ausgestreckt, die Finger zeigen zu den Füßen. Heben Sie nun die Schulterblätter minimal vom Boden und ziehen Sie sich abwechselnd so weit zur Seite, bis Sie mit der Hand die Ferse antippen können.

Übung 6: Beine

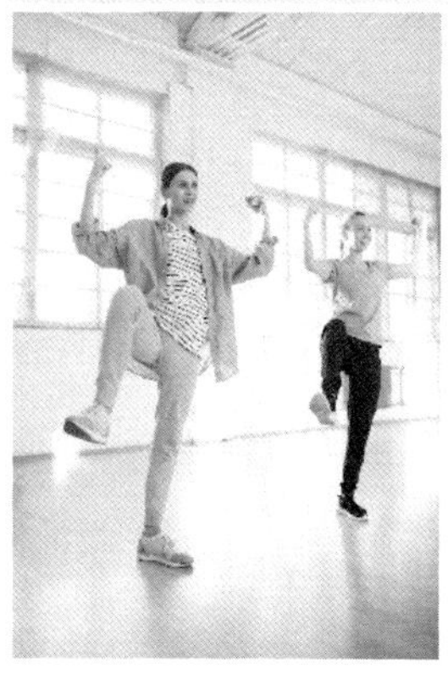

Stellen Sie sich aufrecht und schulterbreit auf Ihre Matte. Die Hände werden vorne vor dem Körper gefaltet. Nun gehen Sie in die Hocke und drücken sich direkt wieder nach oben. Aus dieser Bewegung wird anschließend das Knie seitlich am Körper hochgezogen. Stellen Sie das Bein wieder ab, gehen Sie wieder in die Hocke und wiederholen Sie die Übung mit dem anderen Bein. Wechseln Sie die Beine so lange ab, bis die Zeit um ist.

Übung 7: Rücken

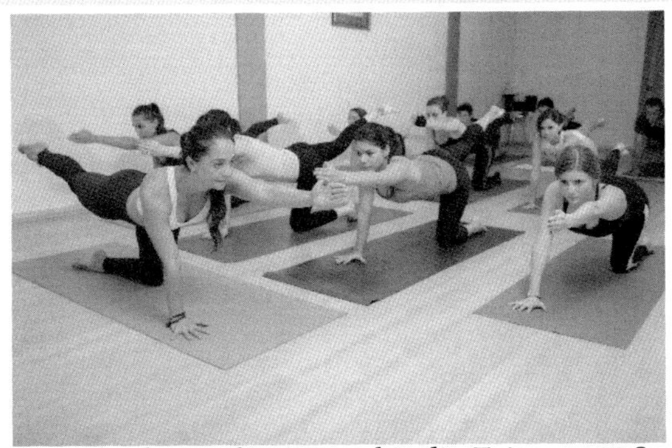

Begeben Sie sich in den Vierfüßler-Stand. Nun heben Sie einen Arm und das entgegengesetzte Bein an. Beide sollen sich waagerecht zum Boden befinden und eine Linie mit dem Körper bilden. Achten Sie darauf, dass die Hüfte nicht abknickt. Setzen Sie anschließend Arm und Bein ab und wechseln Sie die Seiten, bis die Zeit von 45 Sekunden abgelaufen ist.

Zirkeltraining 3

Übung 1: Waden

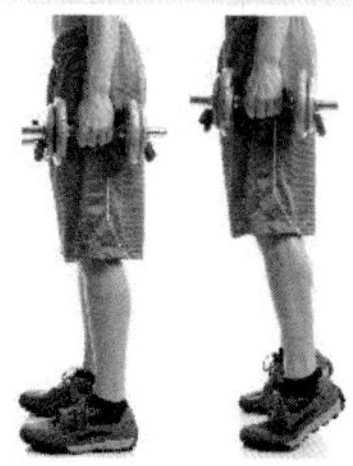

Stellen Sie sich schulterbreit auf die Matte. Die Knie sind dabei nicht komplett durchgedrückt, sondern leicht gebeugt. Nun drücken Sie Ihr Gewicht nach oben und stellen sich auf die Zehenspitzen. Senken Sie die Ferse anschließend langsam wieder ab. Wiederholen Sie die Übung, bis die Zeit abgelaufen ist. Fortgeschrittene können Hanteln hinzunehmen.

Übung 2: Rücken

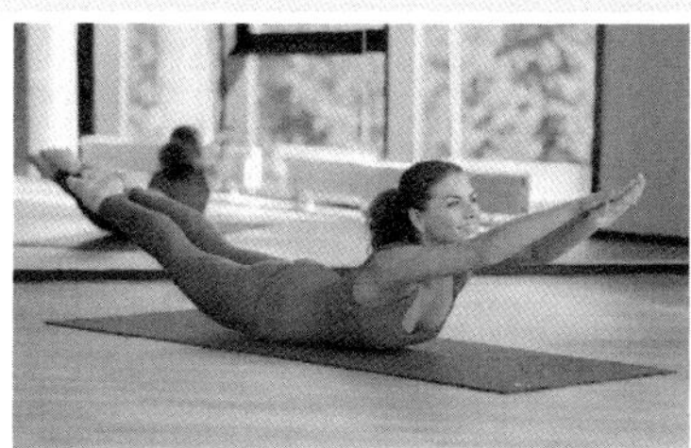

Legen Sie sich mit dem Bauch auf die Matte. Die Arme und Beine sind in einer Linie vom Körper weggestreckt. Der Kopf ist dabei die Verlängerung der Wirbelsäule, Ihr Blick ist auf die Matte gerichtet. Nun werden beide Arme und Beine gleichzeitig leicht vom Boden gehoben, um in die Grundposition zu kommen. Dann werden der linke Arm und das rechte Bein einige Zentimeter weiter in die Luft gehoben. Senken Sie diese wieder ab und wechseln Sie dann die Seite, bis die Zeit abgelaufen ist.

Übung 3: Bauch

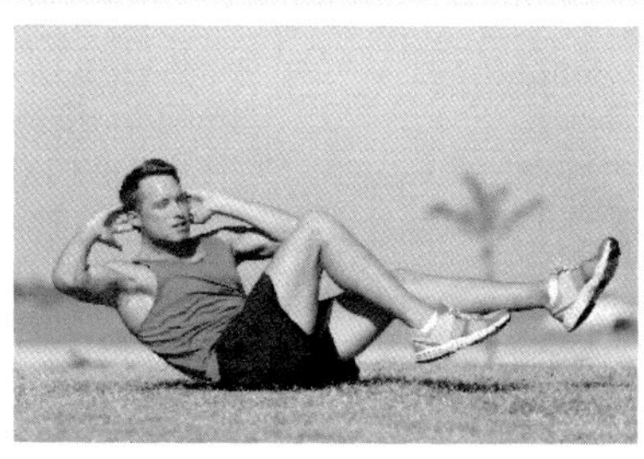

Legen Sie sich mit dem Rücken auf die Matte. Die Arme werden wie bei Sit-ups seitlich an den Kopf gelegt. Heben Sie nun die Beine in die Luft, diese werden zum rechten Winkel abgeknickt. Aus dieser Grundposition fangen Sie an, ein Bein in Richtung Boden abzusenken. Berühren Sie aber nicht mit dem Bein den Boden und legen Sie es nicht ab. Das Bein wird dann wieder in die Ausgangsposition geführt. Wiederholen Sie die Übung mit dem anderen Bein und wechseln Sie ab, bis die Zeit abgelaufen ist.

Übung 4: Beine

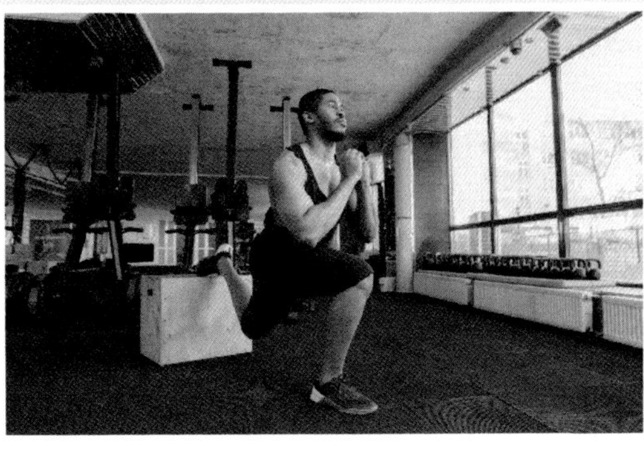

Nehmen Sie sich einen Stuhl zur Hilfe. Stellen Sie den Stuhl an das Ende der Matte und stellen Sie sich ca. 0,5 Meter entfernt mit dem Rücken zum Stuhl. Nun wird ein Bein nach hinten gestreckt und mit dem Fuß auf dem Stuhl abgelegt. Stemmen Sie die Arme dabei in die Seite. Nun starten Sie mit den einbeinigen Kniebeugen. Senken Sie Ihr Gesäß nur so weit nach unten, bis das vordere Knie einen rechten Winkel bildet, drücken Sie sich dann wieder nach oben. Sollten Sie das Gleichgewicht nicht ohne Unterstützung halten können, so können Sie die Übung auch in die Nähe einer Wand verlegen, sodass Sie sich mit einer Hand abstützen können.

Übung 5: Ganzer Körper

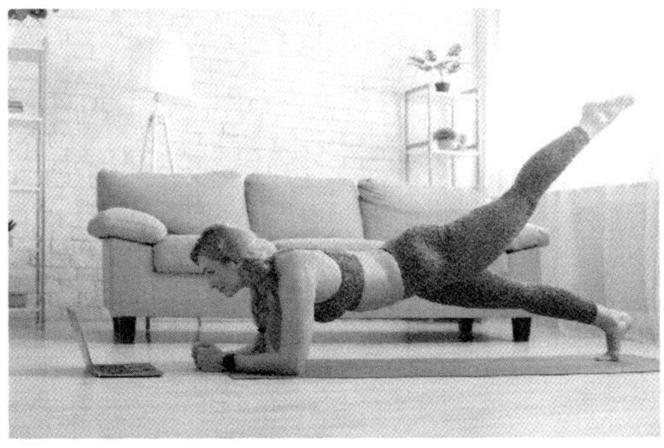

Legen Sie sich in Bauchlage auf eine Matte. Stützen Sie sich nun mit den Unterarmen auf dem Boden ab und bringen Sie Ihren Körper in eine Liegestütz-Position. Blicken Sie dabei zum Boden, denn der Nacken sollte die Verlängerung der Wirbelsäule sein. Wichtig ist, dass Sie versuchen, gerade zu bleiben und nicht durchzuhängen oder das Gesäß zu weit in die Luft zu strecken. Der Körper sollte eine gerade Linie ergeben. Fangen Sie nun an, schnell mit den Füßen auf den Boden zu tippeln.

Übung 6: Beine

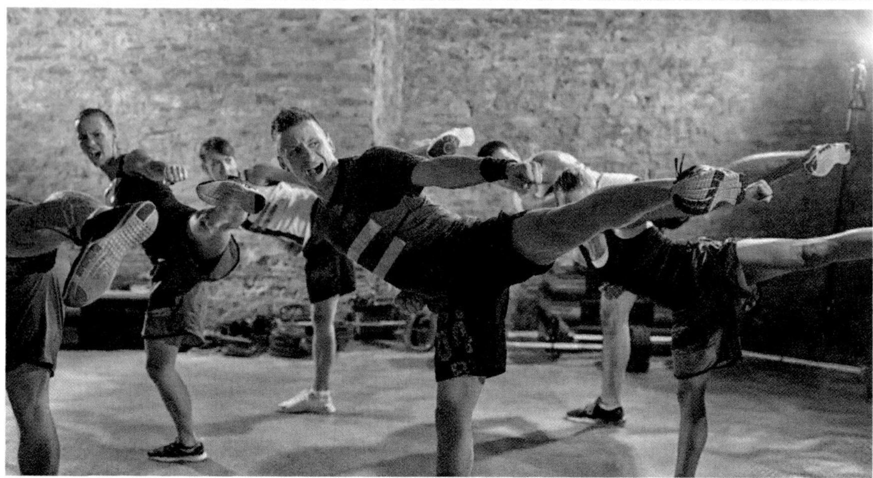

Stellen Sie sich seitlich in die Nähe einer Wand und stützen Sie sich mit einem Arm ab. Der Oberschenkel, der sich nicht an der Wand befindet, wird seitlich vom Oberkörper weggestreckt. Er bildet mit dem anderen Bein einen rechten Winkel. Nun werden mit dem Bein langsame Kicks ausgeführt, indem das Knie gestreckt und gebeugt wird. Wiederholen Sie diese Übung in den nächsten 45 Sekunden, damit auch das andere Bein trainiert wird. Fortgeschrittene können es ohne Wandstütze probieren.

Übung 7: Ganzer Körper

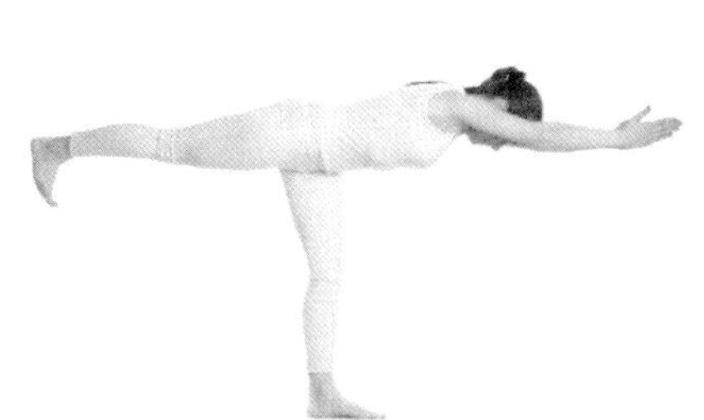

Stellen Sie sich in Schrittstellung auf die Matte. Nehmen Sie beide Arme nach oben über den Kopf. Verlagern Sie nun Ihr Gewicht auf das vordere Bein und kippen Sie Ihren Oberkörper nach vorne, bis die Arme und der Oberkörper parallel zum Boden sind. Zeitgleich wird das hintere Bein ebenfalls in die Luft gehoben, bis es parallel zum Boden ist. Halten Sie diese Position kurz und gehen Sie dann zurück in die Ausgangsposition. Wechseln Sie das Bein und wiederholen Sie die Übung, bis die Zeit abgelaufen ist.

Stabilitätstraining

STABILITÄTSÜBUNGEN FÜR LÄUFER

Als Stabilisationstraining bezeichnet man das muskelaufbauende Training speziell für Läufer. Stabilisationstraining oder auch „Stabitraining" soll, wie der Name schon sagt, die Körperstabilität fördern. Je besser die Körperstabilität ist, desto besser kann man logischerweise das Gleichgewicht halten. Stabilitätsübungen sind in der Regel isometrische Kraftübungen, d. h. man bewegt sich bei den Übungen wenig bis gar nicht und trainiert so die Haltemuskulatur. Oft handelt es sich bei Stabiübungen um Halteübungen, wie z. B. die Standwaage oder die sogenannten Planks, bei denen man sich in einer Liegestützposition befindet, sich allerdings nicht mit den Händen, sondern mit den Unterarmen hält. Diese Art von Übungen erfordert ein hohes Maß an Körperspannung, Körperbeherrschung und Konzentration.

Stabilitätstraining fördert nicht nur eine stabile Körpermitte, sondern es hat auch einen positiven Effekt auf die Körperspannung und die Balance. Besonders werden allerdings Bauch-, Rücken-, Schulter-, Gesäß-, Oberschenkel- und die Hüftmuskulatur gestärkt. Zudem tragen die Übungen dazu bei, die Wirbelsäule zu entlasten, und wirken folglich präventiv gegen Rückenschmerzen. Gerade bei Läufern können durch regelmäßige Stabilisationsübungen Wirbel und Gelenke geschützt und geschont werden.Die Übungen steigern außerdem durch den Muskelaufbau die Leistungsfähigkeit und beugen Verletzungen vor. Sehr einseitiges Training, wie z. B. das Laufen, kann zu Beschwerden führen. Stabilisationstraining stellt hierfür einen guten Ausgleich dar.

Pensum

Empfohlen wird, zwei- bis dreimal pro Woche eine Einheit Stabilisationstraining zu absolvieren. Eine Einheit sollte dabei aber nicht viel länger als 15 Minuten andauern und ist somit schnell durchführbar. Da man für diese Übungen eine gute Konzentration braucht, empfiehlt es sich, die Stabiübungen durchzuführen, wenn man ausgeruht ist. Eine Einheit Stabilisationstraining schließt nicht aus, dass man anschließend oder im Laufe des Tages noch eine Runde Laufen geht. Das Schöne am Stabitraining ist, dass man es nahezu überall durchführen kann, und so lässt es sich besonders gut in den Alltag integrieren. So kann man beispielsweise die Zähne in der Standwaage putzen, beim Telefonat auf der Arbeit ohne Stuhl an der Wand sitzen oder eine Übung auf dem Sofa einbauen, der Fantasie ist hier keine Grenze gesetzt.

Beispielübungen

Stabilitätsübungen sollten im besten Falle immer in drei Sätzen durchgeführt werden, d. h.: Machen Sie eine Übung, geben Sie Ihrem Körper anschließend eine kurze Pause und wiederholen Sie das Ganze noch zweimal. Dabei ist es ganz natürlich, dass Sie die zweite und dritte Wiederholung wahrscheinlich nicht so lange halten können, wie zu Beginn der Übung. Wenn Sie die Stabiübungen regelmäßig durchführen, sollten Sie auch kontinuierlich die Zeit steigern, in der Sie die Übung halten. Da Sie durch jedes Training Muskeln aufbauen, werden Sie sehen, dass Sie die Übungen bei den nächsten Einheiten bereits länger halten können.

Standwaage:

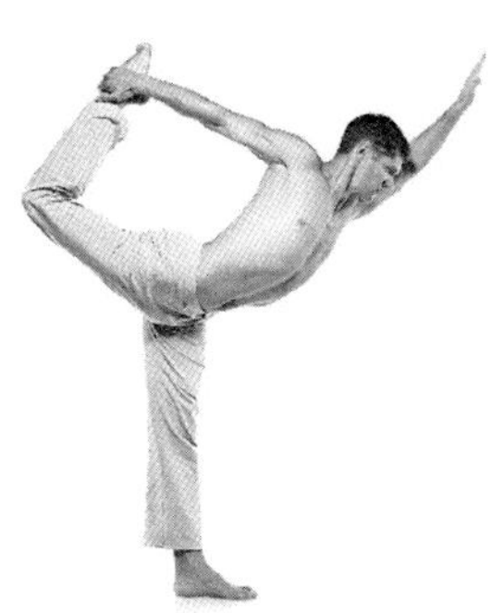

Stellen Sie sich zunächst aufrecht hin. Nun neigen Sie den Oberkörper nach vorne und heben zeitgleich ein Bein an. Heben Sie das Bein so weit nach oben, bis der Oberkörper und das Bein waagerecht zum Boden sind. Das Bein komplett durchstrecken. Die Arme werden dabei zur Seite weggestreckt. Achten Sie darauf, dass die Hüfte gerade bleibt. Halten Sie die Übung 20 Sekunden und wechseln Sie dann das Bein.

Planks (Unterarmliegestütz):

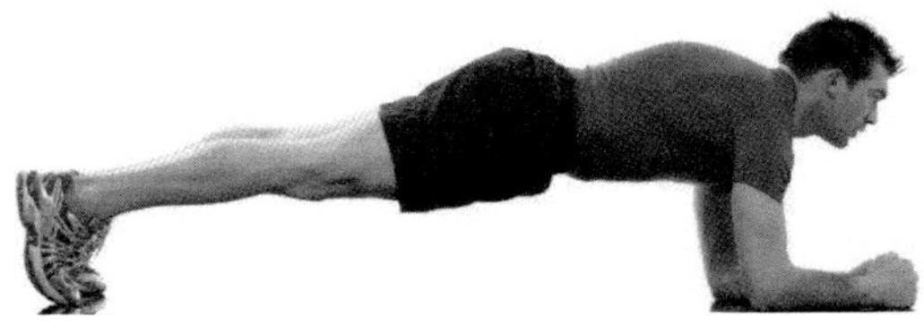

Legen Sie sich in Bauchlage auf eine Matte. Stützen Sie sich nun mit den Unterarmen auf dem Boden ab und bringen Sie Ihren Körper in eine Liegestütz-Position. Blicken Sie dabei zum Boden, der Nacken sollte die Verlängerung der Wirbelsäule sein. Wichtig ist, dass Sie versuchen, gerade zu bleiben und nicht durchzuhängen oder das Gesäß zu weit in die Luft zu strecken, der Körper sollte eine Linie ergeben. Halten Sie auch diese Übung für 20 Sekunden.

Einbeinige Glute-Bridge:

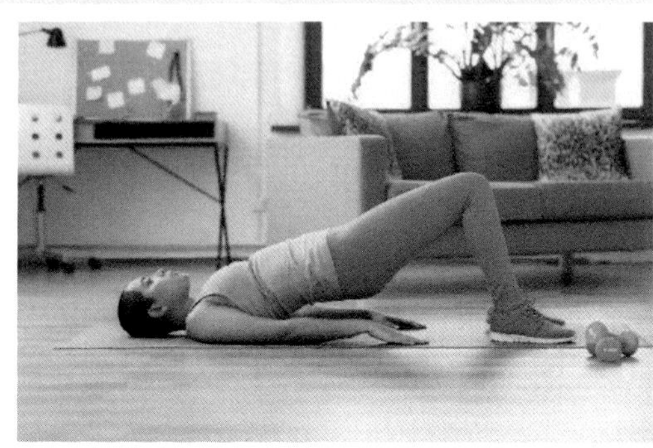

Bei dieser Übung starten Sie in Rückenlage. Sie winkeln beide Beine an und heben Ihr Gesäß an. Spannen Sie dabei Bauch und Gesäß an, um eine Linie mit Ihrem Körper zu bilden. Heben Sie nun ein Bein vom Boden und strecken Sie es nach vorne weg. Achten Sie darauf, dass bei der Übung die Hüfte gerade bleibt und nicht abkippt. Halten Sie die Übung für 20 Sekunden und wechseln Sie dann das Bein.

Schwimmer:

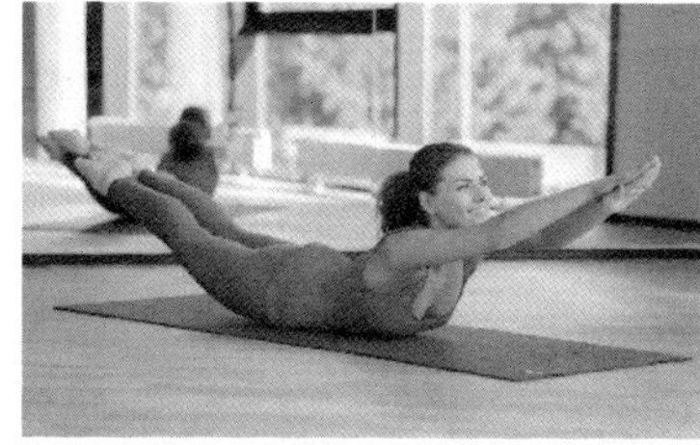

Legen Sie sich in Bauchlage auf die Matte. Heben Sie nun den rechten Arm und das linke Bein gleichzeitig leicht vom Boden ab. Spannen Sie dabei Gesäßmuskel und Rückenmuskulatur an. Halten Sie die Übung 20 Sekunden lang und wechseln Sie dann das Bein und den Arm.

Table Top:

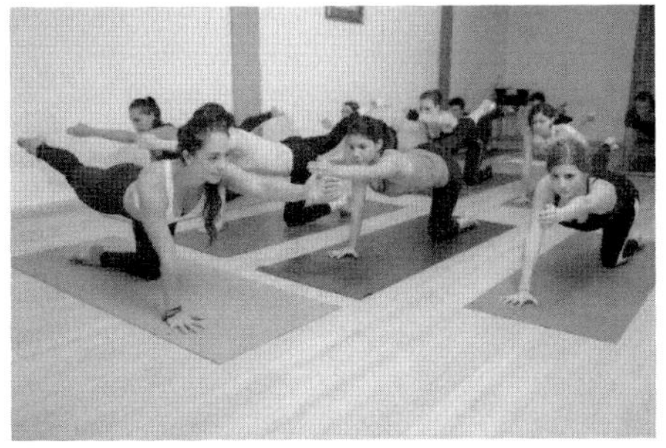

Begeben Sie sich in den Vierfüßler-Stand. Nun heben Sie einen Arm und das entgegengesetzte Bein dazu an. Beide sollen sich waagerecht zum Boden befinden und eine Linie mit dem Körper bilden. Achten Sie darauf, dass die Hüfte nicht abknickt. Halten Sie die Übung für 20 Sekunden und wechseln Sie dann das Bein und den Arm.

Beinheber:

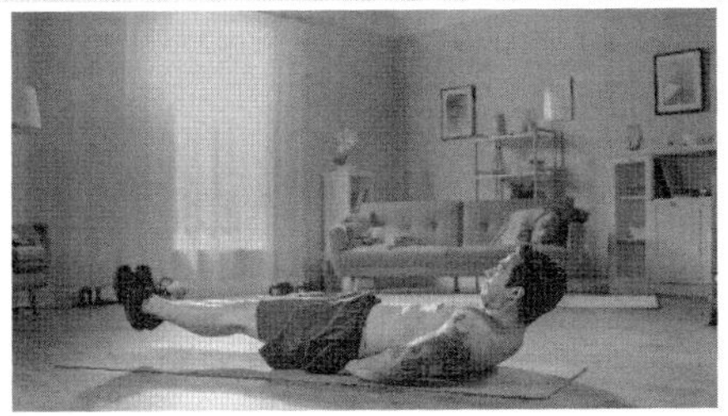

Begeben Sie sich in Rückenlage auf die Matte. Die Arme werden seitlich neben den Körper gelegt. Heben Sie nun beide Beine gleichzeitig vom Boden ab. Der Oberkörper sollte auf der Matte bleiben. Zur Unterstützung kann man die Hände leicht auf die Beckenkämme legen, damit die Lendenwirbelsäule keinen Bogen macht. Achten Sie darauf, dass Sie bei der Übung nicht zu sehr ins Hohlkreuz geraten. Halten Sie die Übung für 20 Sekunden.

Seitlicher Unterarmstütz:

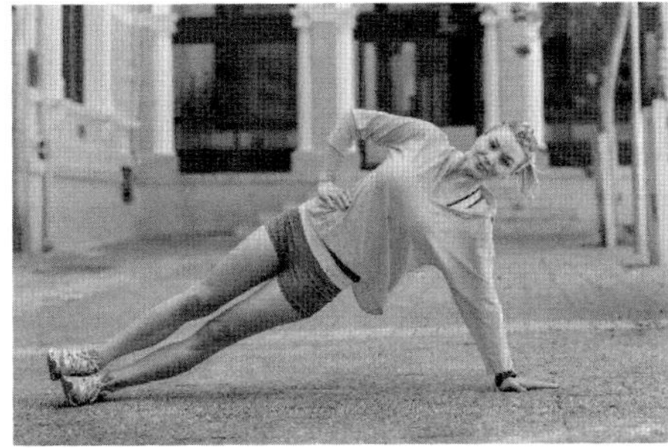

Legen Sie sich seitlich auf die Matte. Stützen Sie nun Ihren Unterarm auf der Matte auf und drücken Sie die Hüfte vom Boden hoch. Lediglich der Unterarm und die Außenseite des Fußes berühren jetzt noch die Matte. Achten Sie darauf, dass Ihr Körper eine Linie bildet und Sie nicht durchhängen. Halten Sie die Übung für 20 Sekunden und wechseln Sie dann die Seite. Fortgeschrittene stützen sich auf ihre Hand.

Ausfallschritt:

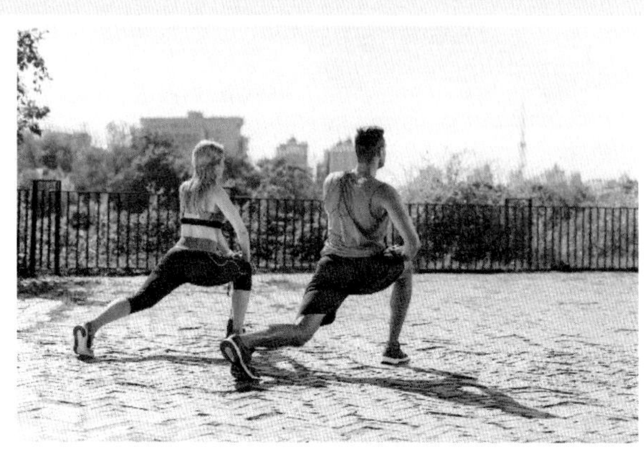

Stellen Sie sich aufrecht auf die Matte. Machen Sie nun einen mittelgroßen Ausfallschritt nach vorne. Bewegen Sie das Gesäß Richtung Boden, so weit, bis Sie sowohl mit dem vorderen Bein als auch mit dem hinteren Bein etwa einen rechten Winkel bilden. Die Arme hängen seitlich am Körper. Der hintere Fuß berührt lediglich mit der Fußspitze die Matte. Halten Sie die Übung für 20 Sekunden und wechseln Sie dann das Bein.

MOBILITÄT

Nicht nur Stabilisation ist beim Lauftraining enorm wichtig. Das Mobilisationstraining hilft vor allem dabei, Gelenke flexibel zu halten, indem es das Zusammenspiel von Gelenken, Sehnen und der entsprechenden Muskulatur fördert. „Bewegungen trainieren und nicht die Muskulatur", ist hier das Motto. Man unterscheidet dabei zwischen aktiver und passiver Mobilität. Aktive Mobilität beschreibt den Bewegungsradius eines Gelenks, der nur durch die Arbeit der eigenen Muskulatur und ohne Krafteinwirkung von außen erreicht werden kann. Passive Mobilität hingegen beschreibt die Beweglichkeit des Gelenks durch einwirkende Kräfte von außen. Die passive Mobilität ist demnach immer höher als die aktive Mobilität.

Stabilität vs. Mobilität

Für ein optimales Bewegungsmuster ist weder alleine die Stabilität noch nur die Mobilität verantwortlich. Beim Laufen ist das richtige Verhältnis von Mobilität und Stabilität von großer Bedeutung. Eine Verschiebung zugunsten von einer der beiden Seiten kann zu einer Ineffizienz der Bewegungen und einem erhöhten Verletzungsrisiko führen. Während beim Stabilitätstraining die Fähigkeit trainiert wird, ein Gelenk unter Last und Spannung zu kontrollieren, indem vor allem die Haltemuskulatur gestärkt wird, beschäftigt sich das Mobilisationstraining mit der Flexibilität der Muskulatur und der damit verbundenen Beweglichkeit der Gelenke. Mehr Stabilität allein heißt nicht automatisch eine bessere Leistung, da eine zu hohe Stabilität wiederum zur Einschränkung der Bewegungsfreiheit der Gelenke führen kann. Deshalb muss Stabilität auch immer mit dem richtigen Verhältnis zur Mobilität einhergehen. Durch die Notwendigkeit von Mobilität und Stabilität sollte in den Trainingseinheiten beiden Aspekten genug Aufmerksamkeit geschenkt werden. Wer das beherzigt, wird kontrollierte Bewegungen mit optimalen Bewegungsradien der Gelenke sowie genügend Haltungstonus in den entsprechenden Körperabschnitten vereinen. So ist es z. B. wichtig, dass der Rumpf stabil ist, um eine ausreichende Beweglichkeit in den Beinen zu gewährleisten. Wer beide Aspekte berücksichtigt, wird weniger mit Fehlbelastungen und Fehlhaltungen sowie mit Überlastung oder Verletzungen generell zu kämpfen haben.

Mobilitätsübungen oder Dehnen zum Aufwärmen

Viele Läufer bereiten sich auf eine Laufeinheit vor, indem sie einige Dehnübungen durchführen, um sich aufzuwärmen. Dehnen dient allerdings dazu, die Muskeln flexibel zu halten, und ist weniger geeignet, um sich auf eine bevorstehende Trainingseinheit vorzubereiten. Dafür eignen sich tatsächlich einige Mobilitätsübungen viel besser. Dynamische Mobilitätsübungen bereiten den Körper bestens auf den Haupttrainingsteil vor und helfen beim Aufwärmen der Muskulatur und der Gelenke. Sie stimulieren Muskeln, Sehnen, Bänder und Gelenke besser als Dehnübungen, bei denen Sie statisch auf einer Stelle stehen und einzelne Muskelgruppen dehnen. Das Dehnen ist ebenfalls wichtig und gehört zum Lauftraining dazu, doch nicht als Aufwärmprogramm. Lesen Sie dazu mehr im Kapitel „Flexibilität".

Aufwärmprogramm

Gelenkrotation:

Die folgenden Übungen können Sie als Aufwärmprogramm vor dem Training absolvieren. Sie eignen sich wunderbar zur Vorbereitung des Körpers auf eine anstehende Trainingseinheit und wärmen Muskeln, Sehnen und Gelenke optimal auf. Aus einer aufrecht stehenden Position heraus rotieren Sie der Reihe nach alle der folgenden Gelenke. Führen Sie 10 Rotationen (5 links und 5 rechts) durch, bevor Sie zum nächsten Gelenk wechseln:

- Handgelenke
- Ellenbogen
- Schultern
- Nacken
- Hüfte
- Knie
- Knöchel

Sie sollten die Gelenke bei mittlerer Geschwindigkeit kreisen. Machen Sie die Übungen lieber langsam und versuchen Sie, den Radius der Gelenke möglichst groß zu halten. Konzentrieren Sie sich dabei und stellen Sie Ihren Geist bereits auf die bevorstehende Trainingseinheit ein. Diese Übung sollte ca. fünf Minuten dauern.

Dynamische Mobilitätsübungen:

Nachdem Sie die Gelenkrotation abgeschlossen haben, sollten Sie, um richtig aufgewärmt zu sein, noch einige dynamische Mobilitätsübungen anschließen. Im Folgenden finden Sie dazu einige Beispiele. Beginnen Sie damit, alle Übungen in einem niedrigen und sicheren Tempo auszuführen, und bleiben Sie in dem Ihnen möglichen Bewegungsradius der Gelenke. Mit steigender Mobilität können Sie dann auch an der Geschwindigkeit und der Erweiterung Ihres Bewegungsradius arbeiten sowie nach einiger Zeit die Übungen dynamischer durchführen.

Armschwünge nach vorne und hinten: Halten Sie sich mit einer Hand an einer Wand oder einem Geländer fest, um den Körper zu stabilisieren. Bewegen Sie den anderen Arm neben dem Körper wie ein Pendel nach vorne und hinten. Die Übung 20-30 Sekunden durchführen, dann den Arm wechseln.

Armschwünge seitlich: Diese Übung wird mit beiden Armen gleichzeitig durchgeführt. Bewegen Sie dazu die Arme so weit wie möglich hinter den Körper und führen Sie die Arme vor dem Körper wieder zusammen, indem Sie sie kreuzen. Die Übung 20-30 Sekunden durchführen.

Beinschwünge nach vorne und hinten: Halten Sie sich mit einer Hand an einer Wand oder einem Geländer fest, um den Körper zu stabilisieren und das Gleichgewicht zu halten. Dementsprechend das gegenüberliegende Bein wie ein Pendel nach vorne und hinten bewegen. Die Übung 20-30 Sekunden durchführen.

Beinschwünge seitlich: Auch hier können Sie sich wieder abstützen, um nicht das Gleichgewicht zu verlieren. Tun Sie dies mit vorgebeugtem Oberkörper und beiden Händen an der Wand oder dem Geländer. Die Beinschwünge werden nun vor dem Körper nach links und rechts durchgeführt, ebenfalls wie ein Pendel, aber in die andere Richtung. Auch diese Übung mit dem linken und rechten Bein 20-30 Sekunden durchführen.

Fußgelenkmobilität: Stellen Sie sich auf eine kleine Erhöhung, beispielsweise einen Bordstein an einer Straße. Berühren Sie den Boden nur mit den Großzehballen. Sie drücken sich nun langsam nach oben auf die Zehenspitzen. Anschließend senken Sie die Fersen langsam wieder ab und drücken sie weiter nach unten als der normale Fußstand. Durch die Erhöhung des Bordsteins können Sie die Fersen ein ganzes Stück weiter nach unten drücken. Wiederholen Sie die Übung 5- bis 10-mal.

Knieachter: Auch beim Knieachter brauchen Sie einen sicheren Stand, daher können Sie sich auch hier wieder an einer Wand o. Ä. abstützen, um nicht das Gleichgewicht zu verlieren. Stellen Sie sich auf ein Bein und heben Sie das Knie im rechten Winkel vor den Körper. Machen Sie nun mit dem Unterschenkel die Bewegung einer Acht. Auch hier einmal die Richtung wechseln und das andere Bein nicht vergessen. Führen Sie auch diese Übung 20-30 Sekunden mit jedem Bein durch.

Laufbewegung ohne Fußheben: Führen Sie nun eine Laufbewegung auf der Stelle durch, heben Sie dabei allerdings die Füße nicht vom Boden. Denken Sie aber daran, die Fersen nach oben und unten zu bewegen, um eine Laufbewegung zu imitieren. Die Fußspitzen bleiben allerdings auf dem Boden. Auch die Arme werden bei dieser Übung mitbewegt. Im Laufe dieser Übung können Sie die Bewegung auch etwas schneller durchführen. Starten Sie langsam und werden Sie etwas schneller. Halten Sie die Übung eine Minute durch.

Beispielübungen für zu Hause

Der Skorpion:

Legen Sie sich zu Hause in Bauchlage auf die Matte. Die Arme werden im rechten Winkel vor dem Körper weggestreckt auf den Boden gelegt. Versuchen Sie nun, mit dem linken Fuß in Richtung der rechten Hand zu kommen. Drehen Sie dabei die Hüfte ein. Die Übung langsam auf jeder Seite fünfmal wiederholen.

Die Raupe:

Stellen Sie sich an das eine Ende der Matte. Knicken Sie nun im Hüftbereich ab und versuchen Sie, mit den Händen den Boden zu berühren. Krabbeln Sie nun langsam mit den Händen nach vorne, bis Sie eine gestreckte Haltung einnehmen, dann kommen die Füße hinterher. Bewegen Sie die Füße Schritt für Schritt wieder in Richtung Hände. Richten Sie sich dann langsam wieder auf. Die Übung fünfmal wiederholen. Achtung! Das soll keine Dehnübung sein, ein bisschen darf die Übung ziehen, aber nicht zu sehr. Starten Sie dann einfach mit den Armen weiter vorne und holen Sie die Füße nicht so nah an die Hände.

Hüftmobilisation 1:

Setzen Sie sich im Vierfüßler-Stand auf den Boden. Der Körperschwerpunkt wird dabei nach hinten bewegt, sodass die Arme in eine Streckung kommen. Die Knie vom Boden abheben und anfangen, die Hüfte rechts und links einzudrehen. Dabei mit der Seite der Hüfte den Boden berühren. Auf beiden Seiten fünfmal wiederholen.

Hüftmobilisation 2:

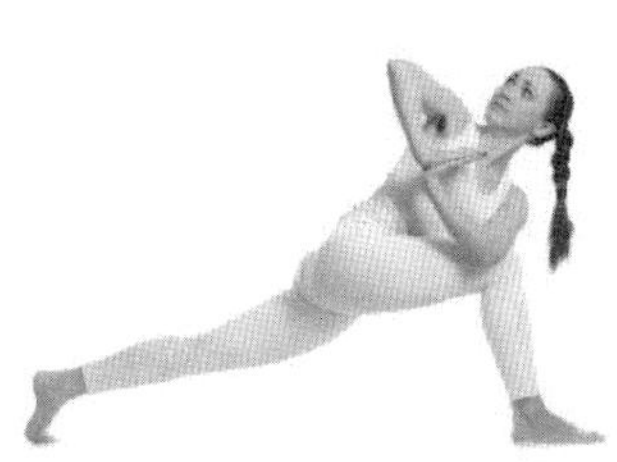

Machen Sie einen großen Ausfallschritt nach vorne. Der Körper bewegt sich in Richtung Boden, sodass das hintere Knie fast den Boden berührt. Drehen Sie sich dann zur Seite und stellen Sie den hinteren Fuß im rechten Winkel zu dem Fuß vorne. Stützen Sie sich mit der einen Hand ab, während Sie den anderen Arm Richtung Decke bewegen. Drehen Sie dabei langsam den Oberkörper mit. Wiederholen Sie die Übung fünfmal.

FLEXIBILITÄT

Nicht nur die Mobilität der Gelenke, sondern auch die Flexibilität der Muskeln spielt eine wichtige Rolle beim Laufen. Es herrscht bei diesem Thema jedoch in der Läuferszene ein großer Gegensatz. Während für die einen das Dehnen der Muskulatur zum festen Programm gehört, ist es für die anderen wiederum reine Zeitverschwendung. Auch in der Wissenschaft ist man sich über das Thema Stretching nicht wirklich einig. Die Studien zu dem Thema widersprechen sich sogar teilweise. Fakt ist jedoch, dass Laufen ein sehr monotoner Bewegungsablauf ist, der auch eine enorme Belastung für die Muskulatur darstellt. Gerade bei Fehlhaltungen oder Fehlbelastungen beim Laufen kann es zu Muskelverspannungen oder gar Muskelverkürzungen und Dysbalancen kommen. Die meisten Läufer dehnen sich daher, um diesen Problemen entgegenzuwirken. Das Dehnen gehört jedoch nicht an den Anfang einer Trainingseinheit, um sich aufzuwärmen. Die Dehnübungen sollten am besten nach einer Laufeinheit absolviert werden. Die statischen Dehnübungen helfen ebenfalls dabei, nach dem Training den Puls etwas zu reduzieren und zur Ruhe zu kommen. Da Dehnen auch kurzfristig gegen Verspannungen wirkt, ist es der optimale Abschluss für ein anstrengendes Lauftraining. Zudem wird der Laufstil effizienter, wenn Sie sich regelmäßig dehnen. Die Streckung der Hüfte spielt für die Dynamik beim Laufen eine wichtige Rolle. Vor allem in sitzender Position wird die Hüfte allerdings nicht ausreichend gestreckt. Das Defizit in der Hüft- und Kniestreckung ist kräftezehrend und begünstigt muskuläre Probleme. Ist aber die Hüfte mit ihrer komplexen Muskulatur sehr beweglich, so kann auch die Streckung beim Laufen besser erfolgen.

Statisches oder dynamisches Dehnen

Für das Dehnen gibt es zwei sehr unterschiedliche Methoden. Während man sich beim statischen Dehnen einmal in die gewünschte Position bringt und diese dann für 30 bis 45 Sekunden hält, wird das dynamische Dehnen in federnden Bewegungen ausgeführt. Sie begeben sich also in die dehnende Position, halten diese für einige Sekunden und entspannen wieder, bis Sie das Ganze von Neuem starten. Durch den Wechsel zwischen Spannung und Entspannung ermöglicht jeder neue Durchgang eine stärkere Dehnung. Beachten Sie jedoch, dass ruckartige Bewegungen oder eine falsche Ausführung der Übungen zu muskulären Problemen führen können.

Wichtige Übungen für Läufer

Für Läufer ist das Dehnen der Hüft- und Beinmuskulatur besonders wichtig. Wie Sie die wichtigsten Muskelgruppen Ihrer Beine dehnen, können Sie den folgenden Übungen entnehmen:

Wadenmuskel:

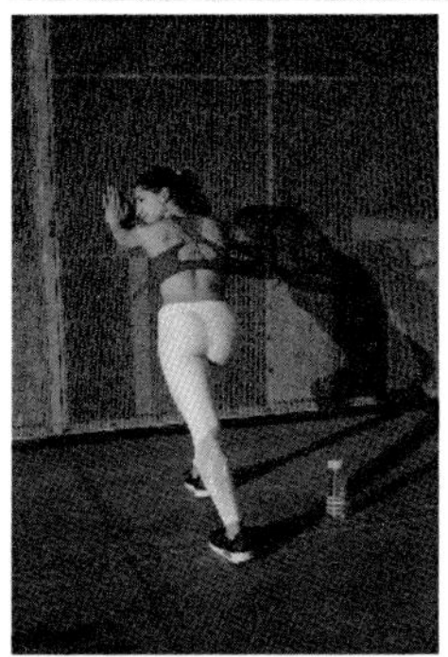

Stellen Sie sich mit dem Gesicht zu einer Wand. Strecken Sie die Arme im rechten Winkel vom Körper weg und drücken Sie die Hände dagegen. Dabei gehen Sie mit den Beinen in eine Schrittstellung (ein Bein vor dem anderen, beide Füße zeigen zur Wand). Strecken Sie das hintere Bein durch und drücken Sie die Ferse Richtung Boden. Sie verspüren nun einen Zug in der Wade. Halten Sie diese Übung ca. 30 Sekunden und wechseln Sie dann das Bein.

Oberschenkelvorderseite:

Stellen Sie sich aufrecht hin. Halten Sie sich mit der einen Hand an einer Wand oder einem Geländer fest, um nicht das Gleichgewicht zu verlieren. Das Knie wird nach hinten angewinkelt. Greifen Sie nun mit der freien Hand das Fußgelenk (Vorsicht, nicht nur die Fußspitze packen, das kann das Gelenk überdehnen). Ziehen Sie nun das Bein Richtung Gesäß. Sie verspüren nun einen Zug an der Oberschenkel-Vorderseite. Halten Sie diese Übung ca. 30 Sekunden und wechseln Sie dann das Bein.

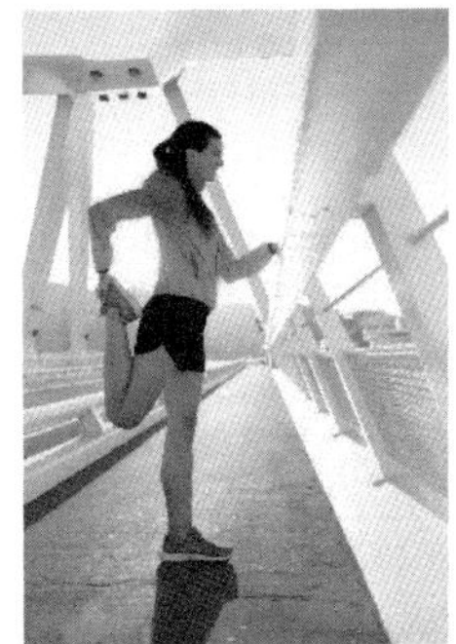

Oberschenkelrückseite:
Stellen Sie sich aufrecht hin. Überkreuzen Sie die Beine, sodass die Füße weiterhin parallel zueinander stehen. Knicken Sie nun mit dem Oberkörper nach vorne ab und versuchen Sie, mit den Händen den Boden zu berühren. Gehen Sie nur so weit, wie es Ihnen möglich ist! Sie verspüren nun einen Zug an der Oberschenkel-Rückseite. Halten Sie diese Übung ca. 30 Sekunden und kreuzen Sie die Beine dann andersherum.

Hüftbeuger:

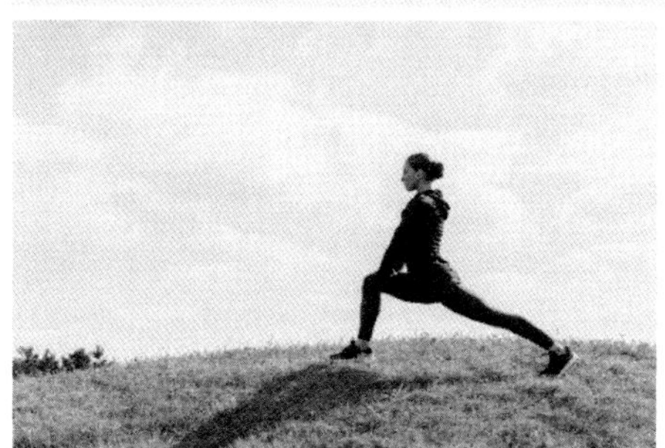

Stellen Sie sich aufrecht hin. Machen Sie nun einen großen Ausfallschritt nach vorne. Bewegen Sie Ihr Gesäß Richtung Boden. Das vordere Knie sollte im rechten Winkel aufgestellt sein. Mit den Händen können Sie sich auf dem Knie abstützen. Das Knie des hinteren Beins kann den Boden leicht berühren, der Fuß liegt dabei flach auf dem Boden. Schieben Sie nun das vordere Knie etwas nach vorne, bis Sie im Hüftbeuger des hinteren Beins einen Zug verspüren. Halten Sie diese Übung ca. 30 Sekunden und wechseln Sie dann das Bein.

Abduktoren (Oberschenkel-Außenseite) und Gesäßmuskel:

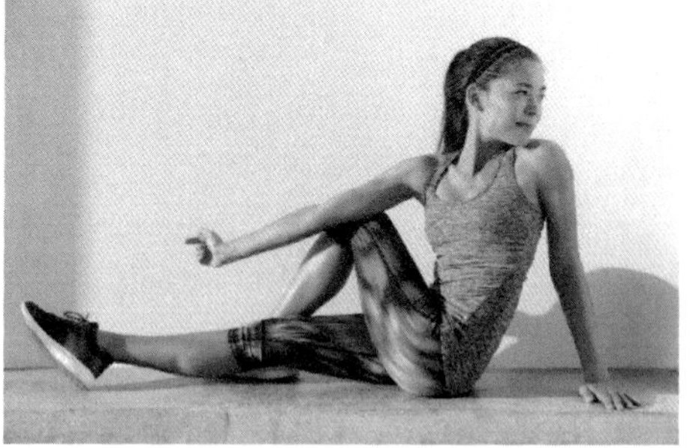

Setzen Sie sich auf den Boden und strecken Sie beide Beine nach vorne vom Körper weg. Sitzen Sie aufrecht. Sie können sich dabei mit den Armen hinter dem Körper abstützen. Winkeln Sie nun eines der Beine an und stellen Sie den Fuß auf die andere Seite des Beins. Nun nutzen Sie den entgegengesetzten Arm, um zusätzlich gegen das angewinkelte Bein zu drücken. Schauen Sie dabei nach hinten über Ihre Schulter. Sie sollten nun einen Zug im Adduktorenbereich und der Gesäßmuskulatur verspüren. Halten Sie diese Übung ca. 30 Sekunden und wechseln Sie dann das Bein.

Adduktoren (Oberschenkel-Innenseite):

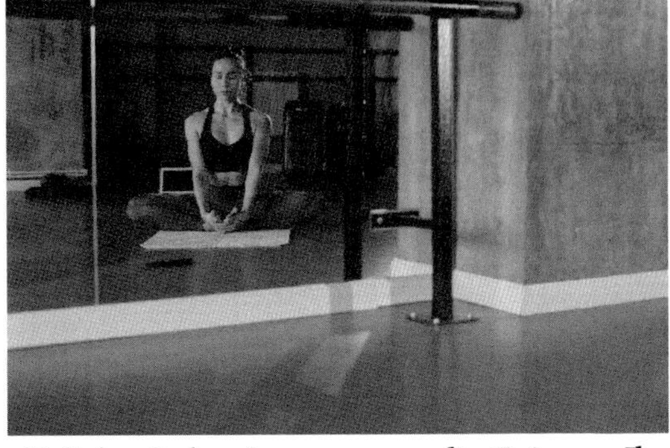

Schneidersitz: Setzen Sie sich aufrecht auf den Boden. Sie nehmen nun eine Schneidersitzposition ein, bei der sich die Füße allerdings nicht kreuzen, sondern sich die Schuhsohlen lediglich in der Mitte vor dem Körper berühren. Beide Hände werden auf die Füße gelegt. Drücken Sie nun zusätzlich mit den Armen gegen die Knie, um Ihre Beine weiter Richtung Boden zu drücken. Sie sollten einen Zug an den Oberschenkel-Innenseiten verspüren. Halten Sie diese Übung ca. 30 Sekunden.

Faszientraining

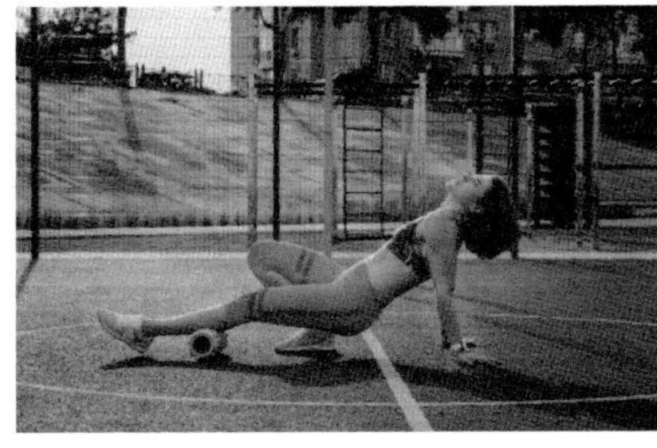

Inzwischen ist die Faszienrolle bereits in jedem Sportgeschäft und online erhältlich. Auch in Fitnessstudios gehört sie zur Standardausstattung. Ist man sportlich aktiv, so kommt man um dieses Sportgerät fast nicht mehr herum. Und das sollte man auch nicht, denn Faszientraining hat enorm positive Auswirkungen auf den Körper. Die Faszien sind im gesamten Körper vorhanden, für viele ist der Begriff als Bindegewebe besser bekannt. Die Faszien durchziehen den gesamten Körper und umgeben Organe, Muskeln und Bänder. Durch Stress, zu wenig Bewegung oder eine einseitige Bewegung können diese Faszien verkleben. Genau diese Verklebungen können durch das Faszientraining wieder gelöst werden. Zudem steigert das Training die Flexibilität, beschleunigt die Regeneration und reduziert Muskelkater. Die Arbeit mit der Faszienrolle ist allerdings nur einer von drei Teilen des Faszientrainings. Im ersten Schritt wird durch Springübungen die Vernetzung der Faszien aktiviert. Im zweiten Schritt schließen sich Dehnübungen an. Im letzten Schritt arbeitet man dann mit der Faszienrolle, einer Rolle aus unterschiedlich hartem Schaumstoff. Man rollt nun die entsprechenden Körperpartien, z. B. Waden oder Oberschenkel, mit Druck über die Rolle. Das sorgt für eine Steigerung der Durchblutung und stimuliert gleichzeitig das Bindegewebe.

Yoga

Auch Yoga kann für Ihr Lauftraining eine tolle Ergänzung sein. Die Kombination aus Dehn- und Kräftigungsübungen sowie Meditation für die Entspannung sorgt für mehr Beweglichkeit bei gleichzeitigem Muskelaufbau und verbessert so Ihre Haltung. Durch die Dehnübungen beim Yoga steigert sich Ihre Flexibilität, was sich in einem besseren und effizienteren Laufstil zeigt. Je flexibler man beispielsweise in Bereich der Hüfte ist, desto mehr Dynamik lässt sich durch eine gestreckte Hüfte beim Laufen aufbauen. Außerdem gibt es im Yoga viele Übungen, die den Rumpf stabilisieren, genau das, was ein Läufer braucht. Hält man dehnungsbetonte Übungen über mehrere Minuten, kann das sogar die Faszien ansprechen und die Regeneration fördern. Yoga ist also eine gute Kombination aus unterschiedlichen Trainings und vereint unterschiedliche Aspekte, die für Läufer wichtig sind. Es könnte eine gute Ergänzung zu Ihrem Lauftraining sein.

Asana: Drache

Der Drache ist eine klassische Haltung des Yin Yogas, die normalerweise für etwa drei bis fünf Minuten lang gehalten wird.

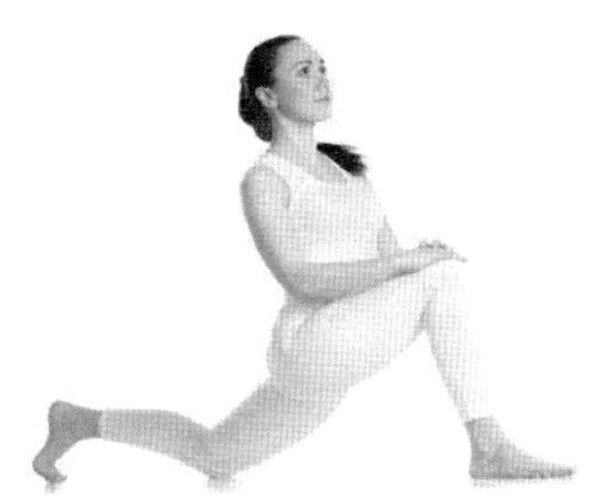

Durchführung:

Dafür kommen Sie zu Beginn der Übung in einen Vierfüßlerstand und positionieren einen beliebigen Fuß vorne zwischen Ihren beiden Händen. Ihr hinteres Knie heben Sie nun etwas an, bringen es ein kleines Stück weiter nach hinten und legen anschließend Ihren Fußspann bequem auf dem Boden ab. Legen Sie Ihre Hände auf Ihren Knien ab und richten Sie sich auf. Ihr Becken fließt dabei so weit nach vorne und unten, bis Sie in der vorderen Seite Ihres hinteren Oberschenkels eine leichte Stimulation spüren können. Anschließend können Sie sich über den Druck Ihrer Hände langsam aufrichten und Ihren Fokus auf Ihren Hüftbeuger richten. In dieser Haltung verweilen Sie nun für etwa drei Minuten. Versuchen Sie dabei, mit jedem Atemzug weiter in diese entspannte Haltung zu sinken. Zum Schluss bringen Sie Ihre Hände langsam zum Boden sowie Ihren vorderen Fuß wieder in die Ausgangsposition. Wenn Sie so weit sind, wechseln Sie die Seite.

Tipp: Gerne können Sie ein dünnes Kissen oder ein Handtuch als Hilfsmittel nutzen und unter Ihr Knie legen, um den Druck auf Ihrem Knie zu reduzieren und leichter entspannen zu können.

Asana: Sphinx

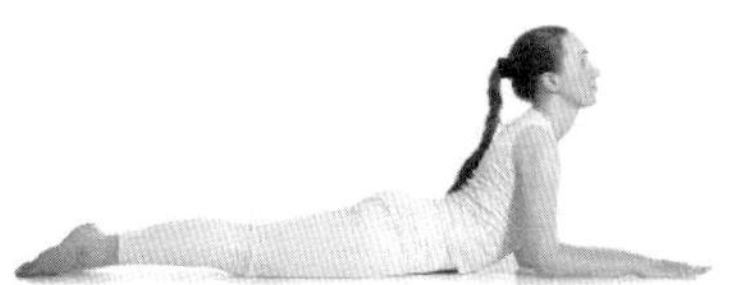

Das Sphinx-Asana Ebene dehnt die gesamte vordere Seite des Körpers und kräftigt sowohl Rücken als auch Po.

Durchführung:
Kommen Sie zu Beginn der Übung in Bauchlage und positionieren Sie Ihre Ellbogen unterhalb Ihrer Schultern. Ihre Unterarme sind dabei auf dem Boden nach vorne ausgerichtet. Schließen Sie Ihre Beine und schieben Sie Ihr Schambein in den Boden. Anschließend richten Sie Ihren Oberkörper mit der nächsten Einatmung langsam und kontrolliert auf und halten diese Position für einige Atemzüge. Mit dem nächsten Ausatmen legen Sie Ihren Oberkörper nun wieder langsam ab und entspannen in der Bauchlage.

Asana: Königstaube

Das Asana der Königstaube sorgt für eine Öffnung unserer Hüfte und unseres Brustbereiches.

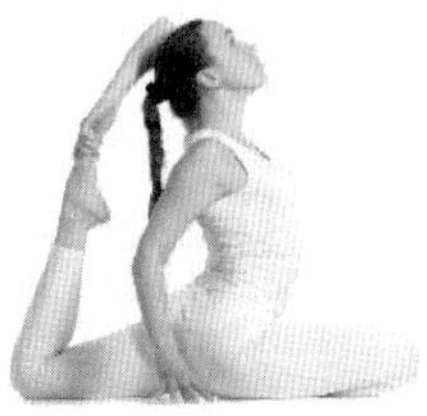

Durchführung:

Kommen Sie zu Beginn der Ausführung in einen Vierfüßlerstand und bringen Sie anschließend Ihr rechtes Knie nach vorne. Angewinkelt legen Sie Ihr Bein ab und strecken parallel dazu Ihr linkes Bein nach hinten aus. Ihren rechten Fuß dürfen Sie dabei gerne nahe neben Ihrer Hüfte platzieren oder ihn nach vorne bringen, sodass sich Ihr Schienbein parallel zur Stirnseite des Bodens befindet. Sie sollten unbedingt darauf achten, dass die Ausrichtung Ihrer Hüfte gerade ist und keiner Ihrer Hüftknochen nach vorne oder nach hinten geht. Sollte Ihre Hüfte in der Luft schweben, können Sie sich einfach ein Kissen unterlegen. Nun stützen Sie sich mit Ihrer rechten Hand ab und umgreifen anschließend Ihren hinteren Fuß mit Ihrer linken Hand, wobei Sie Ihr linkes Bein dafür anwinkeln. Wenn Sie weitergehen wollen, können Sie Ihren linken Fuß in Ihre Armbeuge bringen. Anschließend heben Sie Ihre rechte Hand vom Boden ab und umgreifen über Ihrem Kopf Ihre linke Hand. Möchten Sie noch tiefer in die Dehnung gehen, können Sie außerdem Ihren hinteren Fuß mit beiden Händen umfassen und ihn zu Ihrem Kopf führen. Während des Haltens sollten Sie die Öffnung sowohl in der Hüfte als auch in der Brust genießen. Nach etwa drei Minuten kommen Sie dann langsam und konzentriert in die ursprüngliche Position zurück und wechseln die Seite.

Asana: schmelzendes Herz

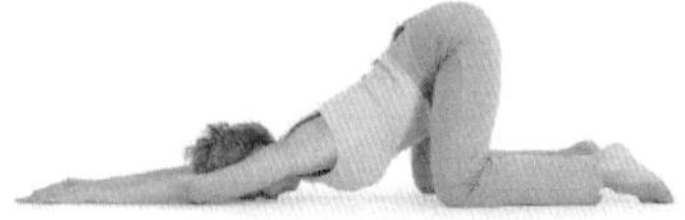

Die sanfte Rückenbeuge nimmt direkten Einfluss auf die Intensität der Öffnung des Herzens und regt dabei nicht nur die Durchblutung an, sondern öffnet auch den Schultergürtel, die Hüfte und weitet die Brust.

Durchführung:

Starten Sie erneut im Vierfüßlerstand und wandern Sie anschließend rund eine Unterarmlänge mit Ihren Händen nach vorne. Mit dem nächsten Ausatmen ziehen Sie Ihr Becken zurück über Ihre Knie und senken währenddessen Ihren Oberkörper ab, wobei Ihr Herz zum Boden sinkt. Ihr Kinn bzw. Ihre Stirn können Sie einfach ablegen, wobei Ihre Ellbogen den Boden jedoch nicht berühren. Mit jeder neuen Ausatmung drücken Sie Ihre Hände ein Stück weiter in den Boden und schieben Ihr Herz etwas näher in die Richtung des Bodens. Ihren Brustkorb bringen Sie so weit nach unten wie möglich. Sie sollten jedoch darauf achten, dass Ihr Gesäß parallel zu Ihren Knien bleibt. Nun atmen Sie tief ein und halten diese Position für etwa drei Minuten. Anschließend bringen Sie Ihr Gesäß langsam und kontrolliert auf Ihre Fersen und lösen das Asana auf.

Herabschauender Hund

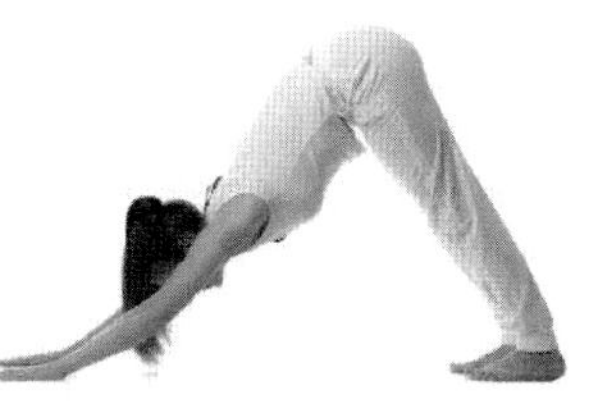

Der herabschauende Hund ist ein echter Klassiker unter den Asanas im Yoga, weil er wirklich vielschichtig ist. So dehnt er nicht nur den Rücken, die Schulter, den Nacken und die Oberschenkelrückseite, sondern löst gleichzeitig auch Verspannungen auf. Währenddessen sind sowohl die Beine als auch der Core-Bereich sowie die Arme aktiv. Trotzdem kann man sich zur selben Zeit hervorragend auf den eigenen Atem konzentrieren, wodurch das Asana die perfekte Kombination von Anspannung und Entspannung darstellt.

Durchführung:

Kommen Sie zu Beginn der Ausführung in den Liegestütz und pressen Sie Ihre Hände fest in den Boden. Nun schieben Sie Ihr Gesäß Richtung Decke und bringen dabei Ihre Fersen nach unten und nach hinten in die Richtung des Bodens. Falls Ihnen die Dehnung in der Rückseite Ihrer Beine zu intensiv sein sollte oder Sie ein unangenehmes Gefühl in Ihrem Rücken verspüren, können Sie Ihre Knie beugen. In jedem Fall sollten Sie darauf Acht geben, dass Sie Ihre Schultern entspannen. Das gelingt Ihnen, indem Sie sie weit von Ihren Ohren wegbringen und Ihre Schulterblätter bewusst auseinanderziehen. Auch Ihr Nacken ist entspannt, wobei Ihr Blick zwischen Ihre Füße wandert. Nun halten Sie diese Position für einen Moment und konzentrieren sich währenddessen vollkommen auf Ihren eigenen Atem.

Tipp: Versuchen Sie, Ihren Fokus vor allem auf Ihre Rumpfstreckung zu richten, und verteilen Sie Ihr Gewicht gleichermaßen auf Ihren Händen und Ihren Fingern, um eine Überlastung Ihrer Handgelenke zu vermeiden. Dafür pressen Sie Ihre Fingerkuppen ganz bewusst in den Boden.

Hoher Ausfallschritt

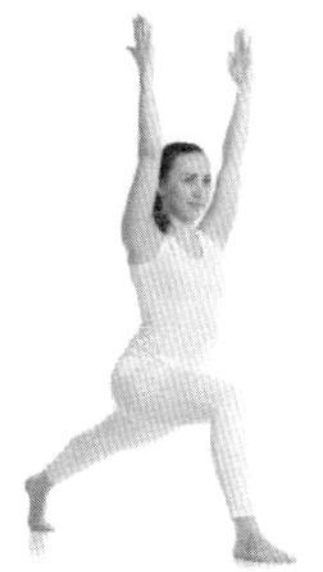

Der hohe Ausfallschritt ist keine Übung, die exklusiv dem Yoga zugehörig ist, denn sie taucht in den unterschiedlichsten Sportarten auf – und das aus gutem Grund: Das Asana hilft, den angespannten Oberschenkeln und Waden mehr Geschmeidigkeit und Weite zu schenken, und dehnt dabei zusätzlich noch Hüfte, Gesäß und Bauch. Darüber hinaus stärkt es den Rücken, die Arme und die Schultern und verbessert das Gleichgewicht, lindert Ischias bedingte Schmerzen und löst Spannungen im Nacken und in den Schultern auf. Außerdem sorgt der hohe Ausfallschritt für einen Energieschub und neue Kraft, fördert die Konzentration und erhöht das Durchhaltevermögen, weshalb sich die Durchführung dieses Asanas perfekt eignet, um in den neuen Tag zu starten.

Durchführung:

Zu Beginn der Übung begeben Sie sich in den herabschauenden Hund. Anschließend gehen Sie mit Ihrem rechten Fuß einen Schritt nach vorne und stellen ihn sicher zwischen Ihren Händen auf, wobei sich Ihr Knie über Ihren Knöcheln befinden sollten. Währenddessen hebt sich die Ferse Ihres hinteren Fußes an. Ihr linkes Bein ist dabei gestreckt und Ihre Hände sind in den Boden gepresst. Zur Erweiterung der Übung heben Sie nun langsam und kontrolliert Ihren Oberkörper an und strecken Ihre Arme in Richtung der Decke. Atmen Sie einige Atemzüge tief ein und wechseln Sie anschließend die Seite.

Tipps: Falls Ihre Hände in der Ausgangsposition nicht bis ganz auf den Boden reichen sollten, können Sie gerne eine Unterlage darunter legen. Sollten Ihnen zudem die notwendige Stabilität und Balance fehlen, können Sie Ihren Core-Bereich durch einige Übungen stärken und das Asana zu Beginn mit Hilfe einer Wand üben.

Ausfallschritt mit Twist

Der Ausfallschritt mit Twist ist ein Asana, das sowohl Ihre Beine stärkt, Ihre Schultern öffnet und Ihre Rückenmuskulatur aktiviert als auch Ihren Gleichgewichtssinn fördert. Der Twist beansprucht darüber hinaus Ihre tiefen Bauchmuskeln.

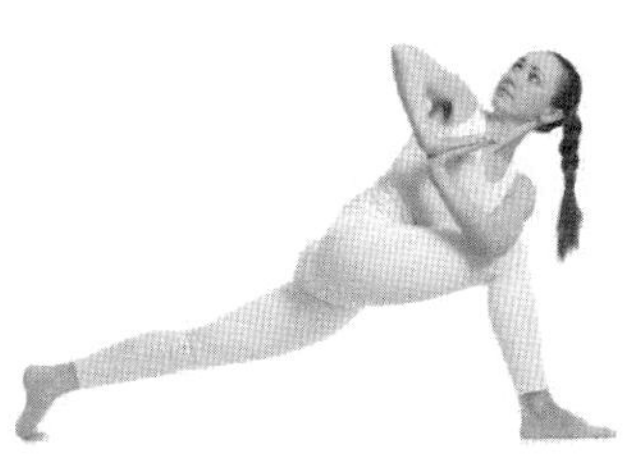

Durchführung:
Stellen Sie sich hüftbreit auf, machen Sie mit Ihrem rechten Bein einen großen Ausfallschritt nach vorne, stellen Sie Ihren Fuß auf und heben Sie die Ferse Ihres linken Fußes an. Dabei spannen Sie Ihr linkes Bein an und ziehen Ihre Kniescheibe zur gleichen Zeit nach oben, um auch Ihren Quadrizeps zu aktivieren. Das Knie Ihres vorderen Beines sollte einen Winkel von etwa 90 Grad bilden, wobei Ihr Knie oberhalb Ihres Fußgelenkes positioniert sein sollte. Nun beugen Sie Ihren Oberkörper kontrolliert ein Stück nach vorne und drehen ihn anschließend nach rechts ein. Währenddessen bringen Sie Ihren linken Ellenbogen auf die äußere Seite Ihres rechten Knies. Führen Sie Ihre Hände vor Ihrer Brust zusammen und drücken Sie mit Ihrem Ellenbogen gegen Ihren Oberschenkel. Halten Sie das Asana für einige Atemzüge und wechseln Sie anschließend die Seite.
Tipp: Falls Sie Schwierigkeiten mit Ihrem Gleichgewicht haben sollten, können Sie Ihr hinteres Knie einfach am Boden absetzen.

Heraufschauender Hund

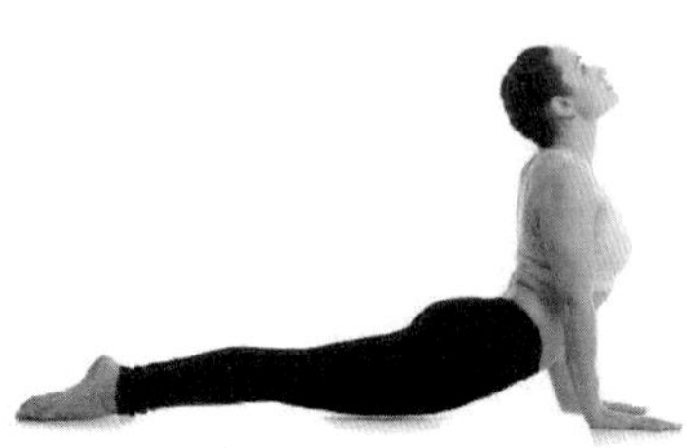

Der heraufschauende Hund bildet das Gegenstück zum herabschauenden Hund. Das Asana des heraufschauenden Hundes dehnt den Brustkorb jedoch noch intensiver als sein Gegenstück und stärkt zudem, durch das Anheben der Beine, die Muskulatur. Darüber hinaus bringt der heraufschauende Hund weitere körperliche Effekte mit sich – so etwa die Dehnung der gesamten vorderen Körperseite sowie die Kräftigung vom Rückenstrecker. Außerdem aktiviert das Asana die Lungentätigkeit und stimuliert die Organe im Bauch. Auf energetischer Ebene sorgt das Asana durch seine aktivierende Wirkung für einen wachen und erfrischten Geist.

Durchführung:

Beginnen Sie die Übung in Bauchlage und strecken Sie dabei Wirbelsäule und Beine, sodass Sie Ihren gesamten Core-Bereich aktivieren. Ihre Handflächen legen Sie neben Ihrem Brustkorb auf dem Boden ab, wobei Ihre Ellbogen eng am Körper anliegen. Mit dem nächsten Einatmen drücken Sie Ihre Hände fest in den Boden und atmen aus. Bei der nächsten Einatmung strecken Sie dann Ihre Arme und heben dabei sowohl Ihren Oberkörper als auch Ihre Beine inklusive der Knie vom Boden aus an. Währenddessen pressen Sie Ihren Fußspann in den Boden, ziehen Ihr Steißbein in die Richtung von Ihrem Schambein und Ihr Schambein in die Richtung Ihres Bauchnabels. Ihr Bauch ist fest und hängt nicht durch. Ihre Beinmuskeln sind aktiviert, Ihre Schulterblätter nach hinten zueinander gezogen und Ihr Nacken lang, sodass Ihr Kopf in Richtung der Decke streckt. Nun atmen Sie entspannt und ganz tief weiter und bringen Ihr Gesäß nach oben, um in den herabschauenden Hund zu wechseln.

Tipp: Sollte es Ihnen schwerfallen, Ihre Beine auf dem Boden abzulegen, können Sie zu Beginn eine Decke unterlegen. Außerdem sollten Sie darauf achten, dass Ihr Rücken fest und gerade bleibt und dass Sie Ihre Schultern nicht in die Richtung Ihrer Ohren ziehen.

Hocke

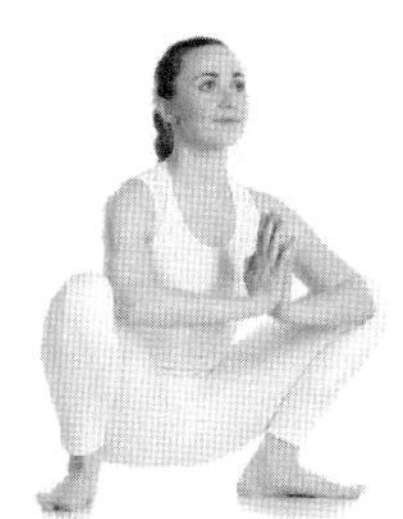

Die Hocke zählt zu den klassischen Übungen des Yin Yogas und eignet sich für jede Altersklasse. Durch das Asana werden die Fußgelenke gekräftigt, die Hüfte geöffnet und der untere Rücken entspannt. Außerdem hat die Hocke eine lindernde Wirkung bei menstrualen Beschwerden und eignet sich darüber hinaus hervorragend bei der Geburtsvorbereitung.

Durchführung:
Begeben Sie sich zu Beginn der Übung in eine hockende Stellung, wobei Sie Ihre Füße breiter als hüftbreit aufstellen, Ihre Knie nach außen drücken und Ihre Zehenspitzen nach außen rotieren. Bringen Sie nun Ihre Hände vor Ihrem Brustkorb zusammen, sodass Sie Ihre Knie, mit Hilfe Ihrer Oberarme und Ihrer Ellbogen, noch weiter auseinanderbringen können. Öffnen Sie jetzt Ihren Brustkorb, indem Sie Ihren Oberkörper aufrichten. Währenddessen atmen Sie tief ein und wieder aus. Nun halten Sie die Position für einige Atemzüge. **Tipp:** Falls es Ihnen schwerfallen sollte, die Hockstellung einzunehmen, können Sie gerne eine Decke unter Ihre Fersen legen, um diese etwas zu erhöhen.

Kind

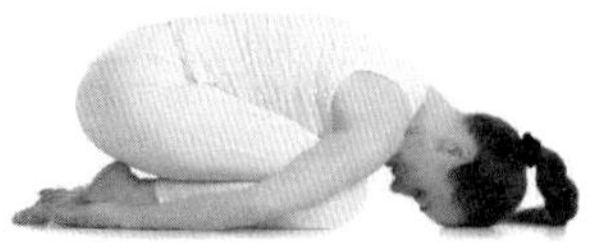

Die Kindspose ist eine wunderbare Haltung, um die Wahrnehmung des Körpers zu verbessern. Dadurch, dass sich bei der Ausführung von diesem Asana die Wirbelsäule in einer Krümmung befindet, wird der komplette Rücken wundervoll entlastet, was sowohl auf unseren Körper als auch auf unser Gemüt eine sehr beruhigende Wirkung hat.

Durchführung:

Zu Beginn der Übung setzen Sie sich ganz bequem auf Ihre Fersen, wobei sich Ihre beiden Beine berühren. Nun legen Sie Ihren Bauch auf Ihren Oberschenkeln ab und Ihre Stirn wandert sanft zum Boden, wobei genau die Stelle zwischen Ihren Augenbrauen am Boden aufliegt. Ihre Arme positionieren Sie entweder seitlich neben Ihrem Körper, sodass sie nach hinten zeigen, oder Sie strecken sie über Ihren Kopf nach vorne aus. Sollte sich diese Haltung für Sie unangenehm oder beengend anfühlen, bringen Sie Ihre Knie hüftbreit auseinander. Verweilen Sie nun für einige Atemzüge in dieser Position, wobei Sie in Ihren unteren Rücken einatmen und seine sanfte nach außen gerichtete Wölbung spüren können.

Tipp: Falls Sie unter Schmerzen im Knie leiden, können Sie sich einfach eine Decke unterlegen, um Raum für Ihre Kniegelenke zu schaffen. Sollte Ihr Becken nicht auf Ihren Fersen aufliegen können, können Sie sich auch hierbei ein kleines Polster nehmen. Sollte es für Sie ebenfalls nicht möglich sein, Ihren Kopf bis auf den Boden zu bringen, können Sie auch hier wieder ein Polster zur Hilfe nehmen.

TECHNIKTRAINING

Wenn Sie einmal andere Läufer beobachten, können Sie feststellen, dass über die Hälfte einen unvollkommenen Laufstil hat, also einen Laufstil, der nicht ökonomisch aussieht und daher mehr Kraft kostet. Verantwortlich dafür ist meist eine unsaubere Beinbewegung in Kombination mit einer schlechten Oberkörperhaltung. In selteneren Fällen ist auch die Armbewegung für einen unökonomischen Laufstil verantwortlich. Die häufigsten Gründe für unharmonische Laufbewegungen sind Fehlstellungen, Dysbalancen der Muskulatur, Koordinationsschwierigkeiten und generell eine zu schwach ausgebildete Muskulatur.

Den perfekten Laufstil gibt es allerdings nicht. Es gibt viele Läufer, die mit einem offensichtlich schlechten Laufstil trotzdem gute Leistungen zeigen können und verletzungsfrei laufen. Dennoch kann an fast jedem Laufstil etwas optimiert werden und das sollte man auch versuchen. Das Ergebnis ist schließlich nicht nur ein effizienterer Laufstil, sondern auch ein gesünderes Laufen für den Körper.

Das Läuferdreieck

Anhand des Läuferdreiecks kann man erkennen, ob die eigene Armbewegung effizient ist. Mit dem Läuferdreieck ist das Dreieck gemeint, welches der Ellenbogen bildet, wenn sich der Arm nach hinten und vorne bewegt. Ist der Arm beispielsweise offen, so hat man kein Läuferdreieck bei der Laufbewegung. In diesem Fall hat man einen viel längeren Lastarm, der den Läufer generell steifer laufen lässt. Man kann die Laufbewegung mit offenen Armen nicht effizient unterstützen. Eine gute Armbewegung ist daher wichtig, um die Beinarbeit optimal zu unterstützen.

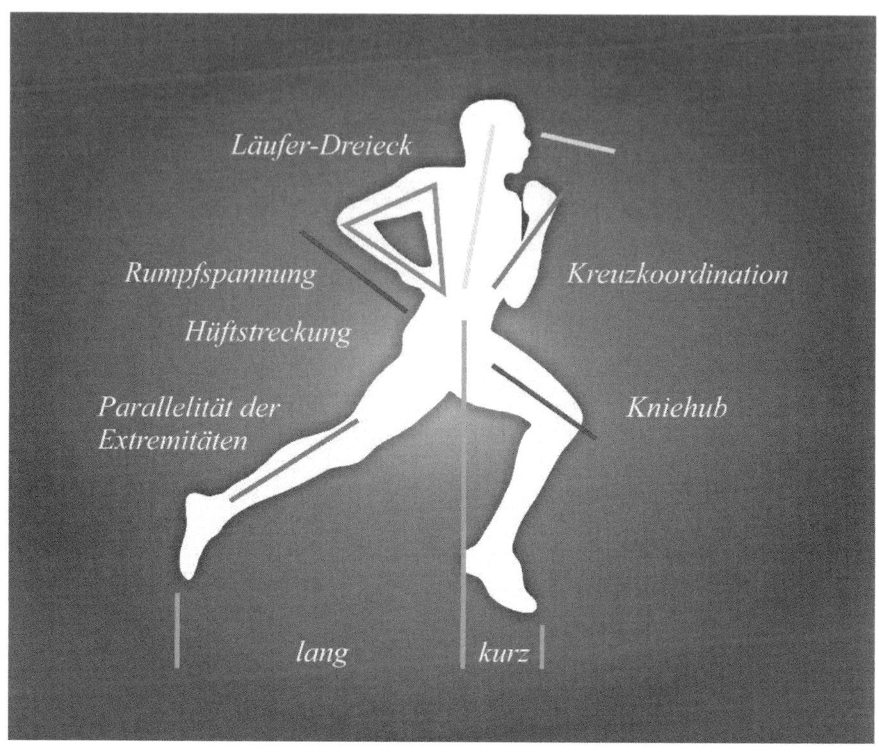

Tipp: Um sich an eine effiziente Armhaltung beim Laufen zu gewöhnen, können Sie sich am Anfang kleine Holzstöckchen in die Armbeuge klemmen. Wenn Sie diese während des Laufens nicht verlieren, ist Ihre Armhaltung optimal. Später können Sie die sogenannten Lauftrainer dann natürlich weglassen.

Schattenlauf

Den nächsten Punkt einer guten Lauftechnik können Sie wunderbar kontrollieren, wenn Sie in der Sonne laufen. Schauen Sie Ihren Schatten an. Was machen Ihre Schultern? Es ist wichtig, die Schultern und den Oberkörper stabil zu halten. Die Schultern sollten der korrekten Bewegung der Arme folgen. Was die Schultern nicht tun sollten, ist, nach vorne einzuklappen und damit zusätzlich mit dem Rumpf zu rotieren. Eine starke Rotation des Oberkörpers und das nach vorne Führen der ganzen Schulter beeinflusst die Beinbewegung. Solche falschen Bewegungen des Oberkörpers haben meist einen Überzug der Beine zur Folge, d. h. die Füße setzen zu weit in der Mitte, sogar auf der anderen Seite des Körpers, auf. Dieses „Overcross"-Laufen ist nicht ökonomisch und hat Fehlbelastungen zur Folge.

Schrittlänge

Eine hohe Schrittfrequenz, also möglichst viele Schritte innerhalb von einer Minute, ist beim Laufen gut. Man kann die Schrittfrequenz beispielsweise mit einer Pulsuhr und einem Brustgurt oder mit einer kostenfreien Lauf-App auf dem Smartphone messen. Dabei ist eine Schrittfrequenz von 160 bis 180 Schritten pro Minute ideal, allerdings ist diese auch individuell abhängig von der Größe und dem Alter. Liegen Sie also unterhalb einer Schrittfrequenz von 150 Schritten pro Minute, so sind Ihre Schritte vermutlich zu groß und Sie sollten an der Verkürzung Ihrer Schritte arbeiten. Man muss natürlich auch das Lauftempo beachten. Wer deutlich mehr Strecke pro Zeit zurücklegt als der Durchschnittsläufer, der sollte natürlich auch eine höhere Schrittfrequenz haben.

Interessant ist, dass die Schrittfrequenz weniger über die Beine gesteuert wird als über die korrekte Armbewegung. Bewegen Sie die Arme schneller, laufen die Beine automatisch im gleichen Tempo mit. Durch die kleineren Schritte wird die Belastung auf den Körper reduziert und die Verletzungsgefahr sinkt.

Wichtig ist nicht nur die Gesamtlänge der Schritte, sondern auch wo der Fuß genau aufsetzt. Setzt der Fuß in Relation zum Körpermittelpunkt weit vor dem Körper auf, so hat das mehr Nach- als Vorteile und sollte möglichst schnell korrigiert werden. Setzt der Fuß weit vor dem Körper auf, so läuft man mit einem sehr gestreckten Knie. Man riskiert außerdem einen recht harten Aufprall mit der Ferse. Das hat zur Folge, dass die Belastung vor allem auf das durchgestreckte Knie, aber auch auf den Rest des Körpers überdurchschnittlich hoch ist. Zudem steigt bei einem solchen Laufstil das Verletzungsrisiko. Weiterhin setzt das sogenannte Überschreiten den Körper in eine ineffiziente Form, da er bei jedem Schritt bzw. jeder Landung ausgebremst wird. Der Laufstil ist also sehr kräftezehrend und daher ineffizient. Das Gleiche gilt allerdings auch, wenn die Schrittlänge zu kurz ist. Die Vorwärtsimpulse gehen so verloren, da der Körper nicht genug Energie speichert, um Sie in der Abdrückphase vom Boden nach vorne zu bringen.

Folgende **Übung** können Sie in Ihr Training einbauen, sollte Ihre Schrittfrequenz zu hoch oder zu niedrig sein:

1. Wärmen Sie sich auf.
2. Absolvieren Sie einen lockeren Dauerlauf. Fangen Sie nun an, die Bodenkontakte Ihres linken Fußes für etwa eine Minute zu zählen.
3. Ist die Schrittfrequenz nicht optimal, laufen Sie einige Minuten ruhig weiter und zählen Sie dann erneut die Bodenkontakte des linken Fußes. Versuchen Sie allerdings, jetzt die Kontakte um 5 zu steigern oder zu reduzieren (je nachdem, wie das Ergebnis der ersten Zählung war).
4. Wiederholen Sie die Übung noch viermal und steigern bzw. senken Sie die Zahl der Berührungen immer weiter. So bekommen Sie ein besseres Laufgefühl für die richtige Schrittfrequenz.

Bauen Sie diese Übung regelmäßig in Ihr Lauftraining ein und Sie werden ein gutes Gefühl für die optimale Schrittlänge bekommen.

Aufrechter Oberkörper

Sehr wichtig beim Laufen ist auch der Neigungswinkel des Oberkörpers. Ist die Flugphase des Fußes kurz vor dem Ende und der Fuß ist kurz vor dem Aufsetzen auf den Boden, sendet das Gehirn Reize an die Muskulatur, um die Muskeln um die Gelenke zu kontrahieren und diese vor dem Stoß bestmöglich zu schützen. Ist der Oberkörper allerdings nicht richtig aufgerichtet, ist keine korrekte Landung des Fußes möglich. Befindet sich der Oberkörper im Hohlkreuz, verschiebt dieser sich nach hinten und der Fuß setzt zu weit vorne auf. Auch mit zu weit nach vorne gebeugtem Oberkörper ist keine ideale Landung möglich. Achten Sie also darauf, dass der Oberkörper nicht weiter als 5-7 Grad nach vorne geneigt ist, dann haben Sie den bestmöglichen Vortrieb und eine ideale Landung des Fußes ist garantiert.

Tipp: Sie können eine Übung durchführen, um den idealen Neigungswinkel zu verinnerlichen. Stellen Sie sich dazu aufrecht hin und lassen Sie Ihren Körper ganz langsam nach vorne kippen. Warten Sie, bis der Beinreflex einsetzt und Sie einen Schritt nach vorne machen, damit Sie nicht auf den Boden fallen. Wenn Sie diesen Impuls spüren, das Bein einen Schritt nach vorne zu setzen, haben Sie den idealen Winkel des Oberkörpers zum Laufen gefunden. Wiederholen Sie die Übung einige Male.

SPRUNGKRAFT

Alle Sprünge wirken sich bei entsprechender Intensität positiv auf die Laufleistung aus. Man fördert mit solchen Sprungübungen die Maximalkraft, die Kraftausdauer, die Schnellkraft und die Koordination der am Antrieb beteiligten Muskulatur. Für Läufer besonders wichtig ist die Schnellkraft. Man sollte also, wenn man die Sprungkraft trainiert, das Hauptaugenmerk auf die Explosivität bei einem Antritt oder Tempowechsel trainieren. Für Läufer kommt es nicht darauf an, besonders weit oder hoch zu springen. Sprungkrafttraining ist zudem sehr intensiv und schließt deshalb hohe Belastungen am nächsten Tag aus. Also planen Sie Ihr Training entsprechend sinnvoll.

Übung 1 – Jumps:

Nutzen Sie Klebeband oder Stöcke, um sich ein Kreuz auf dem Boden zu markieren. Fangen Sie nun mit Sprüngen in moderatem Tempo, jeweils nach vorne und hinten auf der einen Seite des Kreuzes, an. Berühren Sie dabei den Boden nur kurz und achten Sie darauf, dass Sie mit dem Gesäß nicht hinten absitzen, der Körper sollte in einer Linie bleiben. Halten Sie die Übung eine Minute. Nun wechseln Sie in seitlichen Sprüngen, von der einen Seite des Kreuzes zur anderen. Halten Sie auch diese Übung für eine Minute. Nun beginnen Sie, das Tempo zu intensivieren. Zunächst wieder Sprünge von vorne nach hinten, dann der Wechsel zu seitlichen Sprüngen. Jeweils eine Minute halten und Pause machen. Wiederholen Sie die Übung einmal.

Übung 2 – Rope Skipping:

Seilspringen ist eine tolle Übung, um die Sprungkraft und gleichzeitig die Koordination zu trainieren. Starten Sie langsam mit beidbeinigen Sprüngen. Funktioniert das gut, können Sie langsam beschleunigen und nach einiger Zeit wieder langsamer werden. Springen Sie nun nicht mehr auf der Stelle, sondern versuchen Sie, etwas vor- und zurückzuspringen. Klappt das gut, versuchen Sie das Tempo zu beschleunigen. Machen Sie nun eine Pause.

Starten Sie nun wieder mit beidbeinigen Sprüngen. Klappt das gut, versuchen Sie nun, besonders hoch zu springen und das Seil zweimal bei einem Sprung durchzuschwingen. Zwischen den Doppelschwüngen immer wieder ein paar normale Sprünge durchführen. Versuchen Sie mind. 15 Wiederholungen. Sie können hier sehr viele Variationen einbringen, z. B. auf einem Bein springen, während den Sprüngen von einem Bein auf das andere springen, etc. Der Fantasie sind hier keine Grenzen gesetzt.

Übung 3 – Ausfallschritte:

Stellen Sie sich aufrecht hin. Machen Sie nun einen mittelgroßen Ausfallschritt nach vorne. Bewegen Sie nun Ihr Gesäß in Richtung Boden, drücken Sie sich wieder nach oben und stellen Sie sich zurück in die Grundstellung. Machen Sie nun die gleiche Bewegung mit dem anderen Bein. Von dieser Übung sollten Sie dreimal zehn Wiederholungen, mit Pausen, absolvieren.

Übung 4 – Treppenlaufen:

Das Training mit Treppen stellt eine ideale Option dar, um die Sprungkraft zu trainieren. Suchen Sie sich eine Treppe, die idealerweise an die 20 Stufen hat. Starten Sie zum Aufwärmen mit ein paar einfachen Treppenläufen hoch und runter. Anschließend wird die Treppe nicht hoch gelaufen, sondern auf jede Stufe wird mit beiden Füßen gleichzeitig hochgesprungen. Die Treppe laufen Sie aber wieder normal herunter. Machen Sie eine kurze Pause und wiederholen Sie die Sprünge nach oben. Wer sich sicher fühlt, der kann das Ganze nun auf ein Bein reduzieren. Springen Sie also die Treppe hoch, indem Sie nur ein Bein benutzen. Laufen Sie wieder ganz normal die Treppe herunter und wechseln Sie das Bein. Die Übung nach einer kurzen Pause noch einmal wiederholen.

Atemtechnik verbessern

DIE LÄUFERATMUNG

Kommt man beim Laufen schnell außer Atem, kann das zwei unterschiedliche Gründe haben. Zum einen kann es daran liegen, dass man generell zu schnell läuft und die Ausdauer dafür noch nicht hat. Zum anderen kann es aber auch an einer unausgereiften Atemtechnik liegen. Mit der richtigen Atmung versorgt man den Körper und damit die Muskeln mit ausreichend Sauerstoff und sorgt so für eine erhöhte Leistungsfähigkeit. Je besser man also die Kapazität der Lunge nutzt, desto besser wird der Körper mit Sauerstoff versorgt und desto besser ist auch die Leistung, die man erbringen kann.

Viele Menschen atmen schon falsch, auch wenn sie keinen Sport machen. Der Bauch wird beim Einatmen eingezogen und die Schultern werden angehoben. Sie atmen zu flach in den oberen Brustraum. Bei vielen ist dadurch die Atemfrequenz zu hoch. 15 Atemzüge pro Minute, während man auf dem Sofa oder am Schreibtisch sitzt, sind normal. Alles darüber wird bereits als Stresssignal des Körpers gewertet. Hebt man beim Einatmen die Schultern in Richtung der Ohren an, so hat man eine völlig ineffiziente Schulter- oder Schlüsselbeinatmung. Für viele Menschen ist auch die Brustatmung typisch, bei der sich nur der Brustkorb hebt und senkt. Wer also schon im Sitzen falsch atmet, der tut dies auch beim Laufen. Man sollte beim Laufen darauf achten, so tief wie möglich durch Nase oder Mund einzuatmen. Das gelingt am besten, wenn man tief in den Bauch hinein atmet und so das gesamte Lungenvolumen ausnutzt. Man bezeichnet das auch als Bauch-

oder Zwerchfellatmung. Das Zwerchfell trennt den Brustkorb vom Bauchraum und bewirkt bei richtiger Atmung 80 % des Atemvolumens. Die Zwerchfellatmung macht sich bemerkbar durch das Heben und Senken der Bauchdecke beim Atmen. Ausatmen sollte man über den Mund, da man dadurch die Luft gezielt ausstoßen kann und diese schneller loswird, um wieder einzuatmen. Eine flache Brustatmung sollte man beim Laufen vermeiden. Diese macht sich durch ein Hecheln bemerkbar. Das Ein- und Ausatmen ist unabhängig vom Schrittrhythmus. Sie müssen also nicht darauf achten, im Einklang mit Ihren Schritten zu atmen. Ein Atem-Schritt-Rhythmus stresst nur den Körper und den Geist und führt zu einer verkrampften Körperhaltung und Atmung.

SEITENSTECHEN UND ATEMPROBLEME

Jeder kennt es und jeder hatte es wahrscheinlich auch schon einmal: Seitenstechen. Es kann jedem passieren, nicht nur Anfänger haben oft mit Seitenstechen zu kämpfen, auch Marathonläufer sind davon betroffen. Die Ursache für Seitenstechen ist bislang noch nicht endgültig geklärt. In der Wissenschaft gibt es viele Theorien, von einem zu vollen Magen über einen ungünstigen Laufstil und eine falsche Körperhaltung bis hin zu einer verminderten Organdurchblutung der Leber oder der Milz und einer Überreizung der Nerven in den Zwischenrippen. Woher es genau kommt, wird man wahrscheinlich nie abschließend klären können, doch was man sagen kann, ist: Seitenstechen tritt bei allen Ausdauersportarten auf, am häufigsten allerdings beim Laufen. Vermeiden Sie also am besten schwere Mahlzeiten direkt vor dem Training. Studien zufolge begünstigt ein voller Magen Seitenstechen, da so der Druck auf die Bauchhöhle erhöht wird und Reibungen entstehen. Steigern Sie die Trainingsintensität nur langsam, sodass die Atmung schrittweise an die höheren Belastungen herangeführt und so das Seitenstechen vermieden werden kann. Sollte das Seitenstechen doch einmal bei Ihnen auftreten, so ist es ratsam, sofort das Lauftempo zu drosseln. Versuchen Sie dabei, tief und regelmäßig in den Bauch einzuatmen. Sie können unterstützend die Arme nach oben nehmen, um möglichst tief einzuatmen. Manchmal hilft es, die Faust auf die schmerzende Stelle zu pressen. Anschließend den Druck lösen und den Oberkörper leicht nach vorne beugen.

ATEMÜBUNGEN

Atmen ist lebenswichtig. Der für den Körper notwendige Sauerstoff wird in den Körper ein- und das Abfallprodukt Kohlendioxid wieder ausgeatmet. Ist man beispielsweise gestresst, so findet eine beschleunigte Atmung statt und man atmet flacher. Bei einer flachen Atmung wird der Körper allerdings schlechter mit Sauerstoff versorgt. Um dem Stress entgegenzuwirken, ist es ratsam, einige Atemübungen durchzuführen, um zurück zu einer tiefen Bauchatmung zu gelangen. Nicht nur das: Richtiges Atmen und ein Bewusstsein dafür zu bekommen, hilft auch beim Ausdauersport. Im Folgenden finden Sie einige Übungen, die Sie durchführen können, um bewusster und tiefer zu atmen.

Übung 1 – Die 4-6-8-Methode:

Sie können diese Übung im Sitzen oder im Stehen durchführen. Achten Sie nur darauf, dass Ihr Oberkörper aufrecht und gerade ist. Atmen Sie nun tief in den Bauch ein. Zählen Sie dabei bis vier. So lange sollten Sie einatmen. Halten Sie den Atem an. Zählen Sie dabei langsam bis sechs. Nun atmen Sie aus und zählen dabei langsam bis acht. Diese Übung kann bis zu fünfmal wiederholt werden. Die Atemzüge werden dadurch tiefer und ruhiger und der Blutdruck senkt sich. Die Übung wirkt auch sehr gut gegen Stress und eignet sich zum Runterkommen.

Übung 2 – stoßartiges Ausatmen:

Auch diese Übung können Sie im Sitzen oder im Stehen durchführen, achten Sie nur darauf, dass Ihr Oberkörper aufrecht und gerade ist. Atmen Sie nun tief in den Bauch ein. Zählen Sie dabei bis fünf. Nun atmen Sie fünfmal hintereinander stoßartig die Luft durch den Mund wieder aus. Diese Übung kann bis zu fünfmal wiederholt werden. Mit dieser Atemtechnik kann man seine Unruhe, aber auch seine Wut oder seinen Ärger, wenn vorhanden, „wegatmen".

Übung 3 – die Lunge aufpumpen:

Atmen Sie ein und zählen Sie dabei bis zwei. Halten Sie anschließend die Luft an und zählen Sie ebenfalls wieder bis zwei. Atmen Sie nun wieder ein, indem Sie auch hier wieder bis zwei zählen. Wiederholen Sie diese Übung so lange, bis Sie nicht weiter einatmen können. Atmen Sie dann die Luft in einem langen Atemzug über den Mund wieder aus. Nun folgen einige normale Atemzüge. Sie können diese Übung auch noch zweimal wiederholen.

Übung 4 – Lungenvolumen verbessern

Legen Sie sich auf einer Matte flach auf den Rücken. Nehmen Sie sich zwei Bücher zur Hand. Legen Sie das eine Buch auf Ihren Brustkorb und das andere Buch auf den Bauch. Versuchen Sie nun, tief einzuatmen, und zwar in den Bauch. Das Buch auf dem Bauch sollte sich nun heben. Versuchen Sie dann, die Atmung auf den Brustkorb auszuweiten. Auch dieses Buch sollte sich nun heben. Anschließend atmen Sie die Luft aus. Wiederholen Sie diese Übung zwei Minuten lang. Steigern Sie sich langsam auf zehn Minuten täglich und versuchen Sie auch, immer wieder die Atmung im Alltag, beim Laufen oder im Sitzen anzuwenden.

Übungen, um die Atmung zu verbessern:

Die Feueratmung für mehr Energie

Diese Atemübung stammt ursprünglich aus der Yogapraxis und fordert ein hohes Maß an Konzentration. Sie ist geeignet, wenn Sie besonders viel Stress haben, sich ausgepowert fühlen oder aufgebracht sind. Mit der Feueratmung wird Ihr ganzer Körper gefordert und sie sorgt für eine „Massage“ Ihrer Organe. Zudem wirkt sie Frustration entgegen, da hierbei sehr viel Energie freigesetzt wird. Anfangs werden Sie noch nicht viele Atemzüge schaffen, aber das Pensum ist hier auch nicht entscheidend. Es kommt eher darauf an, dass Sie die Kraft der Atmung für sich nutzen, und da reichen meist schon zehn bis zwanzig Atemzüge, um einen spürbaren Erfolg zu erzielen.

So wenden Sie die Feueratmung an:
Begeben Sie sich in eine bequeme Sitzhaltung und achten Sie darauf, dass Sie Ihren Oberkörper nicht nach vorne kippen, sondern so aufrecht wie möglich positionieren. Atmen Sie jetzt ausschließlich durch Ihre Nase. Wenn Ihnen das schwerfällt, können Sie auch Ihren Mund mit einer Hand bedecken. Atmen Sie nun tief durch die Nase ein, bis sich Ihre Bauchdecke spürbar wölbt. Dann stoßen Sie die Luft kraftvoll durch Ihre Nase wieder hinaus. Ziehen Sie während des Ausatmens Ihren Bauch nach innen. Wiederholen Sie die Feueratmung so oft, wie es für Sie angenehm ist. Achten Sie darauf, dass Sie die Übung nicht unmittelbar nach einer Mahlzeit durchführen, da sie sonst Ihren Magen überfordert und zu Übelkeit führen kann.

Die tiefe Ruheatmung

Mithilfe der tiefen Ruheatmung bringen Sie Ihren Körper dazu, eine kleine Pause einzulegen und sich wieder zu sammeln. Sie ist besonders geeignet zum Stressabbau und zur Steigerung des Wohlbefindens. Eine zu schnelle und flache Atmung, wie wir sie uns leider heutzutage angewöhnt haben, ist nicht gesund, da der Körper so weniger Sauerstoff aufnehmen kann. Deshalb ist es sinnvoll, die tiefe Ruheatmung zu trainieren und wieder viel mehr in den Tagesablauf einzubinden, damit Ihr Körper bestens versorgt wird.

So wenden Sie die tiefe Ruheatmung an:
Entspannen Sie Ihre Schultern und lassen Sie Ihre Arme locker herunterhängen. Achten Sie aber trotzdem auf eine aufrechte Körperhaltung und richten Sie Ihren Blick geradeaus. Atmen Sie nun ganz tief durch die Nase ein, bis sich Ihr Bauch vollständig mit Luft gefüllt hat. Halten Sie diese Luft für ein paar Sekunden im Körper und atmen Sie dann langsam durch den Mund wieder aus. Sie können während der Atmung auch bis fünf zählen – wenn Sie die Luft kurz anhalten, zählen Sie bis vier. Das Ausatmen sollte länger andauern als das Einatmen. Sie können dann beispielsweise bis acht zählen. Schauen Sie aber vor allem darauf, wie es für Sie vom Rhythmus her am besten passt, denn jeder Mensch ist anders und benötigt daher auch eine individuelle Betrachtung.

Die Wechselatmung für mehr Fokus

Die Wechselatmung wird ebenfalls gerne beim Yoga praktiziert und hat eine besondere Wirkung auf die Energien im Körper. Mit dieser Atemtechnik können Sie ganz gezielt Ihre Konzentrationsfähigkeit steigern, gleichzeitig eignet sie sich auch sehr gut als Entspannungsübung. Das Besondere an dieser Atemtechnik ist, dass hier ausschließlich durch die Nase geatmet wird. Jedoch wird abwechselnd ein Nasenloch mit den Fingern verschlossen und die Atemübung folglich durch ein Nasenloch durchgeführt.

So wenden Sie die Wechselatmung an:
Nehmen Sie eine angenehme Sitzhaltung ein und schließen Sie Ihre Augen. Sie brauchen jetzt Ihre volle Konzentration. Verschließen Sie nun mit dem Daumen den rechten Nasenflügel. Atmen Sie ganz ruhig durch den linken Nasenflügel ein. Lösen Sie Daumen und verschließen Sie jetzt den linken Nasenflügel, dabei atmen Sie durch den rechten wieder aus. Wechseln Sie dann die Seiten und beginnen Sie, mit dem rechten Nasenflügel einzuatmen, und mit dem linken wieder auszuatmen. Wiederholen Sie diese Übung jeden Tag, beispielsweise nach dem Aufstehen oder kurz vor dem Schlafengehen. Die Dauer bestimmen Sie dabei selbst. Anfangs reichen fünf bis zehn Minuten aus. Sie können sich dann auf zwanzig bis dreißig Minuten steigern, wenn Sie möchten.

Die persönliche Laufroutine

& leistungssteigerndes Training

DOKUMENTATION & FORTSCHRITTE FESTSTELLEN

Für die Motivation und die Erfolgskontrolle ist es sehr wichtig, Ihre Läufe und Trainingseinheiten zu dokumentieren. Gerade, wenn zu dem Lauftraining auch Kraft- und Stabilitätseinheiten hinzukommen, ist es schwer, den Überblick zu behalten. Zudem kann der dokumentierte Fortschritt sehr motivierend wirken, wenn man seine Anfänge mit seinen Fortschritten vergleicht.

Deshalb sollte man von Beginn an darüber nachdenken, ein Trainingstagebuch zu führen. Dieses dokumentiert alle Läufe mit Zeiten und Distanzen sowie andere Trainingseinheiten und deren Inhalt. Je genauer Sie Ihr Trainingstagebuch führen, desto mehr Informationen haben Sie später zur Verfügung. Es kann zudem auch bei Problemfindungen helfen. Sie haben z. B. seit ein paar

Trainingseinheiten immer wiederkehrende Knieprobleme? Dann können Sie in Ihrem Trainingstagebuch nachschauen, ob Sie die Trainingsintensität zu schnell gesteigert haben oder in den letzten Einheiten die Knie zu stark belastet haben. Ein Trainingstagebuch kann also in vielerlei Hinsicht hilfreich sein. Sollten Sie mit einem Problem zum Arzt gehen, so kann dieser ebenfalls einen Blick in das Trainingstagebuch werfen und schauen, ob Sie vielleicht etwas falsch gemacht, eine bestimmte Trainingseinheit zu oft wiederholt haben oder ob die Probleme woanders herkommen. Anhand des Lauftagebuchs kann man beispielsweise auch feststellen, auf welches Training der Körper besonders gut anspricht. Sie sehen auf einen Blick, in welchem Bereich Ihre Fortschritte am größten sind und auf welchen Bereich Sie sich demnächst mehr fokussieren sollten.

LEISTUNGSSTEIGERUNG: IMMER EIN BISSCHEN MEHR

Falls Sie das Gefühl haben, dass Ihre Laufleistung an einem gewissen Punkt stagniert, so müssen Sie jetzt nicht Ihren kompletten Trainingsplan überarbeiten, die Ausdauer in nächster Zeit verdoppeln oder gar eine Laufeinheit mehr pro Woche einplanen. Es gilt hier, das richtige Mittelmaß zu finden. Deshalb finden Sie im folgenden Teil ein paar kleine Tipps, die Ihre Leistung steigern können und etwas Schwung in Ihren Laufalltag bringen, ohne dass Sie viel mehr Zeit investieren müssen.

Tipp 1: Einfach 10 Minuten länger laufen

Verlängern Sie Ihre Läufe hin und wieder um 5 oder 10 Minuten. Wer immer die gleiche Distanz läuft, der gibt seinem Körper keine neuen Reize. Es dauert ein paar Wochen, bis der Körper sich an die Strecke gewöhnt hat, und dann stagniert die Leistung, weil keine neuen Reize mehr gesetzt werden. Deshalb: Laufen Sie auch einmal einen oder zwei Kilometer mehr. Gewöhnt man seinen Körper daran, eine gewisse Leistung länger zu halten, so wirkt sich das positiv auf die Sauerstoffaufnahme aus, und das spiegelt sich in Ihrer Leistung wider.

Tipp 2: Ein Intervall mehr laufen

Steht das Intervalltraining bereits auf Ihrem Trainingsplan, so kann es wahre Wunder bewirken, wenn Sie einfach ein bis zwei Intervalle mehr zu Ihrem Training hinzufügen. Das setzt neue Trainingsreize und kann sich so positiv auf Ihren Leistungsfortschritt auswirken. Machen Sie noch kein Intervalltraining und Ihr Fortschritt stagniert, so ist es an der Zeit, dieses unbedingt zu Ihrem Trainingsplan hinzuzufügen.

Tipp 3: Neue Ausrüstung

Neue Motivation schöpfen durch Belohnung, das kann Sie manchmal wirklich weiterbringen. Zwar machen Sie die neuen Laufschuhe nicht auf Anhieb schneller, doch können sie durchaus etwas für Ihre Trainingsmoral tun. Der Motivationsschub lässt sie öfter und härter trainieren, was sich dann wiederum positiv auf Ihren Leistungsfortschritt auswirkt.

Tipp 4: Eine zusätzliche Stabiübung pro Einheit

Sie haben Krafttraining und Stabiübungen bereits auf Ihrem Trainingsplan? Dann versuchen Sie doch einfach einmal, eine bis zwei Übungen pro Einheit mehr zu machen. Bei jedem Schritt lastet das Zwei- bis Dreifache des eigenen Körpergewichts auf den Gelenken. Muskeln helfen dabei, diese zu stabilisieren. Stärkere Muskeln verringern die Verletzungsgefahr, was folglich einen größeren Spielraum für eine Leistungssteigerung schafft.

Tipp 5: Die Ernährung

Für einen Läufer ist die Ernährung besonders wichtig. Gerade nach einem anstrengenden Lauf müssen die Reserven schnellstmöglich wieder aufgefüllt werden, um neue Energie für den nächsten Lauf zu sammeln. Zudem fördert es die Regeneration und Sie erholen sich schneller. Essen Sie also eine zusätzliche Portion Obst oder Gemüse am Tag. Das versorgt Sie mit Vitaminen und Spurenelementen und gibt Ihnen zusätzlich Energie.

Tipp 6: Mehr schlafen

Wer nicht ausreichend schläft, der kann keine ordentlichen Leistungen erbringen. Studien haben gezeigt, dass ausgeschlafene Menschen weniger krank sind, allgemein bessere Laune haben und mehr Leistung bringen. Versuchen Sie also, eine halbe Stunde früher ins Bett zu gehen. Das hilft auch bei der Regeneration und Sie können am Folgetag voll durchstarten.

Tipp 7: Alternativtraining

Laufen ist ein sehr monotoner und einseitiger Sport, was die Belastung des Körpers angeht. Ergänzen Sie Ihr Lauftraining mit alternativen Trainingseinheiten. Krafttraining, Stabilitätstraining, Intervalltraining oder gar Radfahren oder Schwimmen gibt Ihren Muskeln einen guten Ausgleich zu der einseitigen Belastung des Laufens und beugt Verletzungen vor.

INTERVALLTRAINING

Hat man eine gewisse Grundlagenausdauer erreicht, sollte man darüber nachdenken, Intervalltrainingseinheiten in den Trainingsplan einzubauen, denn Intervalltraining bringt einige Vorteile mit sich. Das Intervalltraining wirkt sich besonders positiv auf das Herz-Kreislauf-System aus. In Kombination mit regelmäßigem Ausdauertraining führt es zu einer Vergrößerung des Herzmuskels und damit zu einer besseren und effizienteren Pumpleistung des Herzens. Gleichzeitig verbessert sich auch die Kapillarisierung, d. h., es werden zusätzliche kleinste Haargefäße ausgebildet, die die Muskulatur mit Blut und somit auch mit Sauerstoff versorgen. Je mehr Sauerstoff der Muskulatur zur Verfügung steht, desto effizienter kann dort auch Energie gewonnen werden. Intervalltraining wirkt sich zudem positiv auf die Lauftechnik und damit auch auf die Effizienz aus. Durch das Intervalltraining setzt man einen neuen Trainingsreiz. Je nach Trainingsziel werden die Intervalle unterschiedlich gestaltet. Man unterscheidet zwischen Belastungsintensität und Belastungsdauer. So zeichnen sich extensive Intervalle durch geringere Trainingsintensitäten und somit auch kürzere Pausen aus. Intensive Intervalle hingegen sind definiert durch höhere Belastungen, demnach aber auch längere Pausen. Die Intervalle sind wie folgt definiert:

- Kurzzeitintervalle (20-40 sec): intensiv
- Mittelzeitintervalle (60-90 sec): intensiv
- Mittelzeitintervalle (60-180 sec): extensiv
- Langzeitintervalle (3-8 min): extensiv

Entsprechend werden die Pausen zu den Intervallen auch nicht willkürlich gewählt. Die Pause zwischen zwei Intervallen sollte mindestens halb so lang sein wie das Intervall selbst. Laufen Sie also beispielsweise 400 Meter in zwei Minuten, sollten Sie mindestens eine Minute Pause machen, bevor Sie mit dem nächsten Intervall starten. Sollten Sie sich nach der Pause allerdings noch nicht fit genug fühlen, das nächste Intervall zu laufen, so kann die Pausenzeit auch mit der Intervallzeit gleichgesetzt werden.

Pensum

Fängt man mit dem Intervalltraining an, so kann man schnell große Fortschritte bei den Laufeinheiten sehen. Das ist auch der Grund, warum viele Läufer es mit dem Intervalltraining übertreiben. Durch die hohen Belastungen kann zu viel Intervalltraining zu einer erhöhten Verletzungsgefahr führen. Deshalb sollte das Intervalltraining nur ein kleiner Baustein des gesamten Trainings sein. Wie viele Intervalleinheiten Sie in welcher Zeit absolvieren sollten, hängt davon ab, wie häufig Sie in der Woche trainieren. Ambitionierte Läufer, die vier- oder fünfmal pro Woche trainieren, können ein Intervalltraining einmal pro Woche absolvieren. Bei Läufern, die zwei- bis dreimal pro Woche trainieren, reicht eine Intervalleinheit alle zwei Wochen aus.

Beispiele für Intervalleinheiten

Es gibt viele Möglichkeiten, wie man eine Intervalltrainingseinheit gestalten kann. Für ein wenig Inspiration werden hier klassische Einheiten vorgestellt. Diese können Sie allerdings je nach Belieben variieren. Besonders einfach sind die Intervalleinheiten, wenn man sie zunächst auf einer Aschenbahn auf einem Sportplatz absolviert. Hier hat man eine Runde von 400 Metern und kann sich daher sehr gut orientieren.

200-200

Für diese Intervalleinheit teilen Sie die Aschenbahn gedanklich in zwei Hälften. Sie laufen nun die ersten 200 Meter als Intervall, sprich, so schnell Sie können. Die zweite Hälfte laufen Sie dann in Trabtempo und nutzen diese zum Verschnaufen. Diese Intervalllänge können Sie nach Belieben zwischen acht- und 15-mal wiederholen.

400-200

Einen mentalen Vorteil haben Intervalle von 400 Metern, da genau eine Runde auf der Aschenbahn 400 Meter beträgt. Man hat also das Ziel genau vor Augen und es ist eine überschaubare Belastungslänge. Daher eignet sich diese Intervalllänge besonders gut für erste Erfahrungen mit dem Intervalltraining. Bei dieser Intervalleinheit wechseln Sie also eine schnelle Runde mit einer halben Runde Trabpause ab. Versuchen Sie dabei, während des Intervalls möglichst die gleiche Geschwindigkeit von Anfang bis Ende zu halten. Diese Intervalllänge können Sie zwischen sechs- und zwölfmal wiederholen.

800-400

Auch die 800 Meter sind eine beliebte Intervalllänge. Mental fordern sie allerdings schon ein bisschen mehr Durchhaltevermögen, da man die Ziellinie praktisch zweimal überqueren muss, also die gleiche Strecke zweimal läuft. Sie sollten die 800-Meter-Intervalle in einem etwas moderateren Tempo angehen als die 400-Meter-Intervalle. Zudem befindet man sich hier in einem Bereich, in dem die Distanz der Trabpausen erhöht werden sollte, sonst ist die Pause zu kurz. Deshalb wechseln Sie bei dieser Methode 2 schnelle Intervallrunden mit einer langsamen Runde zur Erholung ab. Diese Intervalle können Sie fünf- bis zehnmal wiederholen.

Pyramidentraining

Beim sogenannten Pyramidentraining weicht man von einer festgelegten Intervalllänge ab und variiert diese von Intervall zu Intervall. Es werden also Belastungen in unterschiedlicher Länge durchgeführt. Das führt zu mehr Abwechslung beim Training. Zudem fordert es mehr heraus als das klassische Intervalltraining, da sich hier der Körper auf keinen einheitlichen Rhythmus einstellen kann. Die kürzeren Intervalle werden in einem höheren Tempo gelaufen als die längeren Intervalle. Dabei startet die Einheit immer mit kurzen Intervallen, die sich dann allmählich steigern. In der Mitte haben sie dann ihren Höhepunkt und gegen Ende der Einheit fallen sie wieder ab.

Ein typisches Pyramidentraining könnte folgende Intervalllängen haben:

- 200 Meter
- 400 Meter
- 800 Meter
- 1.600 Meter
- 800 Meter
- 400 Meter
- 200 Meter

Die Intervalle werden mit 200-Meter-Trabpausen abgewechselt. Generell gilt: Wer für kürzere Laufdistanzen trainiert und sich auf einer Distanz von bis zu 10 Kilometern verbessern möchte, der sollte seine Intervalleinheiten mit kürzeren Intervallen bis ca. 1.000 Meter füllen. Trainiert man aber beispielsweise auf einen Marathon hin, so sind längere Intervalle ab 1.600 Meter das Mittel der Wahl.

TRAINING AM BERG

Bergläufe, Hügelsprints oder Hügeltraining bezeichnet ein optimales Training, um auch im flachen Terrain schneller zu werden. Das Hügeltraining bietet bedeutende Vorteile:

- Höhere Beinkraft in der laufspezifischen Muskulatur
- Verbessert aeroben und anaeroben Energiestoffwechsel
- Gesteigerte Laktattoleranz
- Optimierung der Lauftechnik durch höhere Schrittfrequenz und kürzeren Bodenkontakt
- Verbessert die Laufökonomie

Die leistungssteigernde Wirkung von Hügeltraining liegt darin, dass es ungleich anstrengender ist, einen Anstieg hochzulaufen, da das mehr Muskelkraft erfordert. Wird der Körper stärker gefordert, so passt er sich an die Trainingsintensitäten an (hier Training an einem Anstieg). Wechselt man nun wieder in flacheres Terrain, so scheint dies nach dem Hügeltraining viel weniger intensiv zu sein. Man kann Hügeltraining mit den Intervallläufen im Flachland vergleichen, nur dass Hügeltraining ein geringeres Verletzungsrisiko birgt. Es ist auch vergleichbar mit dem Krafttraining im Fitnessstudio, nur dass beim Hügeltraining nur die Muskulatur trainiert wird, die ein Läufer auch wirklich braucht. Besonders der Gesäßmuskel, der das gesamte Körpergewicht nach oben drücken muss, aber auch die hinteren Oberschenkel und der Rückenstrecker werden beim Hügeltraining besonders trainiert. Das sind Muskeln, die beim normalen Laufen eher weniger belastet werden, jedoch ebenfalls wichtig sind. Auch die vordere Oberschenkelmuskulatur wird durch den kraftvolleren Abdruck in einer ganz besonderen Weise angesprochen. Durch die größere Beugung im Fußgelenk wird ein stärkerer Zug auf die Wadenmuskulatur und die Achillessehne ausgeübt. Allerdings sollte man trotzdem das klassische Intervalltraining nicht ganz außer Acht lassen, da sich beim Bergtraining das maximale Tempo eher gering hält.

Genau wie das Intervalltraining ist auch das Hügeltraining für Laufanfänger ungeeignet. Diese müssen sich zunächst eine solide Grundausdauer aneignen, um von den Vorteilen des Hügeltrainings profitieren zu können.

Tipps zur Lauftechnik

Läuft man das erste Mal einen Berg in gesteigertem Tempo, so merkt man schnell, dass die Belastung eine ganz andere ist als die im flacheren Gelände. Sowohl Oberschenkel als auch Wadenmuskulatur werden weit stärker belastet, als das beim normalen Laufen der Fall ist. Dennoch sind die Belastungen auf Gelenke, Sehnen und Bänder weitaus geringer, da die Aufprallkräfte deutlich reduziert werden. Folgende Tipps sollten Sie beim Hügellauf beherzigen:

- Der Abdruck verlagert sich auf die Fußballen, je steiler der Anstieg ist. Sie landen überwiegend auf den Fußballen und stoßen sich ebenso mit diesen ab.
- Die Schrittfrequenz ist beim Hügeltraining geringer, je steiler der Anstieg wird. Mit großen, langen Schritten kommen Sie den Berg nicht vernünftig hoch.
- Beim Hügeltraining verlagert sich der Körperschwerpunkt nach vorne, d. h., auch der Neigungswinkel des Oberkörpers wird vergrößert.
- Durch den Armeinsatz kann man den Hügellauf gut unterstützen.

Varianten des Hügeltrainings

Man kann zwischen unterschiedlichen Varianten des Hügeltrainings unterscheiden. Es gibt zum einen die langen Bergläufe, die auf einer Strecke von 800 bis 1.000 Metern und mit einer etwas geringeren Steigung von drei bis fünf Prozent absolviert werden. Zum anderen gibt es die kurzen Bergläufe, die auf einer Strecke von 100 bis 150 Metern und mit einer etwas höheren Steigung von fünf bis acht Prozent absolviert werden. Manche Läufer nutzen auch Bergabläufe, da sie hier ein enorm hohes Tempo erreichen können, was im flacheren Land nicht möglich ist. Dieses extrem schnelle Laufen dient vor allem der Koordination.

ZWISCHENETAPPE: 7 KM

Die sieben Kilometer sind keine Wettkampfdistanz, dienen aber als kleines Zwischenziel zwischen fünf Kilometern und zehn Kilometern. Das Zwischenziel dient vor allem Ihrer Motivation. Es soll zeigen, dass Ihre Mühen sich auszahlen. Stecken Sie sich kleinere Ziele, die Sie auch schnell erreichen können. Müssen Sie für ein Ziel zu lange trainieren, kann sich das negativ auf Ihre Motivation auswirken. Sie erreichen das Ziel, indem Sie ganz allmählich Ihre Laufzeit steigern, also Woche für Woche ein kleines bisschen länger laufen. Vor allem helfen Ihnen dabei auch die zusätzlichen Trainingseinheiten wie Intervall- und Krafttraining. So können Sie innerhalb eines Monats von einer Laufzeit von 30 Minuten ohne Gehpause zu einer Laufzeit von 45 bis 50 Minuten ohne Gehpause kommen. Sollte es bei Ihnen etwas länger dauern, verlieren Sie nicht die Motivation, steigern Sie die Laufzeit einfach etwas langsamer und geben Sie Ihrem Körper Zeit, sich an die vermehrte Belastung zu gewöhnen. Machen Sie weiter, die zehn Kilometer sind bereits in Sicht!

ÜBER GRENZEN GEHEN: DIE ERSTEN 10 KM

Die zehn Kilometer sind eine der beliebtesten Distanzen und ein Volkslauf-Klassiker. Sie haben sich bereits eine solide Grundlagenausdauer angeeignet. Sollten Sie in der Lage sein, 30 Minuten am Stück zu laufen, so kommen Sie nun am besten weiter, indem Sie sich vornehmen, jede Woche fünf Minuten länger zu laufen. Machen Sie das über zehn Wochen lang, so sind Sie in der zehnten Woche bereits bei einer Laufzeit von 75 Minuten angekommen. Viele Läufer schaffen in 75 Minuten bereits die 10-Kilometer-Grenze. Sollte das bei Ihnen nicht der Fall sein, machen Sie sich keine Sorgen, sondern steigern Sie die Zeit einfach noch weiter, bis Sie die zehn Kilometer geknackt haben. An einer Verbesserung der Laufzeit können Sie arbeiten, wenn Sie Ihr Ziel erreicht haben.

Intervalltraining für 10 km

Sie haben die zehn Kilometer geschafft und wollen nun daran arbeiten, sich auf dieser Distanz zu verbessern. Das schaffen Sie am besten, wenn Sie alle zwei Wochen ein Intervalltraining, speziell angepasst für die Verbesserung der Zeit auf zehn Kilometern, absolvieren. Folgende Längen könnten die Intervalle haben:

- 1. Einheit: 10-mal 400 Meter, abgewechselt mit 200-Meter-Trabpausen
- 2. Einheit: 5-mal 800 Meter, abgewechselt mit 400-Meter-Trabpausen
- 3. Einheit: 4-mal 1.000 Meter, abgewechselt mit 400-Meter-Trabpausen
- 4. Einheit: Pyramidentraining 200 Meter, 400 Meter, 800 Meter, 1.200 Meter, 800 Meter, 400 Meter, 200 Meter, abgewechselt mit 200-Meter-Trabpausen
- 5. Einheit: 12-mal 400 Meter, abgewechselt mit 200-Meter-Trabpausen
- 6. Einheit: 8-mal 800 Meter, abgewechselt mit 400-Meter-Trabpausen
- 7. Einheit: 6-mal 1.000 Meter, abgewechselt mit 400-Meter-Trabpausen
- 8. Einheit: Pyramidentraining 200 Meter, 400 Meter, 800 Meter, 1.200 Meter, 800 Meter, 400 Meter, 200 Meter, abgewechselt mit 200-Meter-Trabpausen
- 9. Einheit: 8-mal 400 Meter, abgewechselt mit 200-Meter-Trabpausen

Verletzungsproblematik

Es kann leider jeden treffen, das Verletzungspech. Circa 30-50 % der aktiven Läufer sind mindestens einmal pro Jahr verletzt. Das kann ganz unterschiedliche Ursachen haben. Dennoch sind akute Beschwerden eher selten, meistens handelt es sich um dauerhafte Überlastungen oder Fehlbelastungen, die nach einiger Zeit Probleme verursachen. Im Folgenden finden Sie einige typische Läuferverletzungen und Informationen dazu, wie mit ihnen umzugehen ist.

TYPISCHE LAUFVERLETZUNGEN

Achillessehne

Haben Sie stechende Schmerzen in der Achillessehne, vor allem nach dem Aufstehen, so kann das ein Anzeichen für eine Achillessehnenentzündung oder -reizung sein. Die Achillessehne ist zuständig für die Kraftübertragung von der Wadenmuskulatur auf die Knochen im Fuß. Können Sie den Schmerz dort lokalisieren, so handelt es sich mit großer Wahrscheinlichkeit um ein Problem mit der Achillessehne. Ursache ist beispielsweise eine zu schnelle Steigerung der Trainingsintensität. Es kommt dann zur Überlastung dieses Bereiches. Sie sollten dann vor allem versuchen, die Muskulatur im Fuß- und Wadenbereich zu trainieren sowie die Flexibilität der Muskulatur durch Dehnübungen zu gewährleisten.

Fersensporn

Im Falle eines Fersensporns ist eine Sehnenplatte an der Unterseite des Fußes betroffen. Durch zu hohe Belastungen hat sich dieser Bereich entzündet und sendet Schmerzen in die Ferse und den Fußrücken aus. Muskuläre Dysbalancen sowie Fuß-, Bein- oder Hüftfehlstellungen können einen Fersensporn begünstigen. Sie sollten dann vor allem versuchen, die Muskulatur im Fuß- und Wadenbereich besonders zu trainieren sowie die Flexibilität der Muskulatur durch Dehnübungen zu gewährleisten.

Läuferknie

Das Läuferknie ist sehr bekannt unter Läufern. Es macht sich durch stechende Schmerzen an der Außenseite des Knies bemerkbar. Die Ursache für ein Läuferknie kann allerdings in ganz unterschiedlichen Bereichen liegen, von Fehlstellungen der Hüfte bis hin zu falschem Schuhwerk oder einer generellen Überbelastung des Gelenks. Sie sollten entsprechend vermehrt Kräftigungsübungen für die Beinmuskulatur durchführen und die Flexibilität durch Dehnübungen gewährleisten.

Schienbeinkantensyndrom

Das Schienbeinkantensyndrom beschreibt die Entzündung der Knochenhaut am Schienbein. Die Knochenhaut ist die äußerste Schicht des Knochens, die für die Versorgung und das Dickenwachstum des Knochens zuständig ist. Bemerkbar macht sich diese Verletzung durch Schmerzen am Schienbein nach bereits kurzer Belastung. Häufige Ursache dafür ist ein Senkfuß. Diesem kann aber mit Einlagen und speziellen Übungen entgegengewirkt werden. Eine Sportpause ist bis zur Besserung dieser Verletzung jedoch unbedingt notwendig.

Zerrungen

Eine weitere bekannte Läuferverletzung ist die Zerrung im Bereich der Wadenmuskulatur oder des Oberschenkels. Meist verursacht durch einen schnellen Antritt, beispielsweise beim Hügel- oder Intervalltraining, verhärtet sich der Muskel und fängt an, zu schmerzen. Entzündungshemmende Medikamente sowie Kühlung und vorsichtiges Dehnen der Muskelpartie kann hierbei Abhilfe schaffen.

Stressfrakturen

Stressfrakturen treten meistens bei Läufern auf, die in der Woche mehr als 100 Kilometer laufen. Durch Überbeanspruchung kommt es zu den sogenannten Stressfrakturen oder Ermüdungsbrüchen, wenn der Knochen den Belastungen nicht mehr standhalten kann. Dann kommt es zu kleinen Brüchen im Bereich des Mittelfußes, der Ferse oder des Schienbeins. Liegt eine Stressfraktur vor, so muss das Training für mehrere Wochen komplett ruhen.

Exkurs: Ernährungstipps für Laufathleten

Gerade Laufanfänger unterschätzen, wie wichtig die richtige Ernährung für den Erfolg und den Leistungsfortschritt ist. Wer nicht das Richtige isst, wird auch nur kleine Fortschritte beim Training sehen und kann seinen Körper im schlimmsten Fall in eine hormonelle Dysbalance stürzen. Wie Sie das vermeiden, welche Lebensmittel besonders viel Energie bereitstellen und welche Sie lieber meiden sollten, erfahren Sie in diesem Kapitel.

DIE DREI MAKRONÄHRSTOFFE

Bei Ausdauersportlern sollte der Fokus auf den **Kohlenhydraten** liegen. Sie liefern dem Körper die nötige Energie für mehr Leistung. Im Gegensatz zu Fetten können Kohlenhydrate vom Körper recht schnell weiterverwertet werden. Der größte Teil wird dabei für die Grundfunktionen des Körpers, also Atmung, Stoffwechsel, Hirntätigkeit etc. benötigt. Man sollte vor allem auf die komplexen Kohlenhydrate zurückgreifen. Diese haben den Vorteil, dass sie viele Ballaststoffe liefern und dabei den Blutzuckerspiegel nur minimal in die Höhe treiben.

Diese Informationen findet man im sogenannten glykämischen Index. Er gibt an, wie schnell Zucker aus der aufgenommenen Nahrung gelöst wird und in das Blut übergeht, also wie stark der Insulin- und damit auch der Blutzuckerspiegel beeinflusst werden. Lebensmittel mit einem niedrigen glykämischen Index halten zudem viel länger satt. Der folgenden Tabelle können Sie einige der Lebensmittel entnehmen, die Sie vorwiegend zu sich nehmen, und ebenso einige, die Sie eher meiden sollten.

Kohlenhydrate mit niedrigem glykämischen Wert	**Kohlenhydrate mit hohem glykämischen Wert**
Vollkornprodukte	Weißbrot oder Baguette
Hafer-, Hirse- oder Reisflocken	Cornflakes oder Fertigmüsli
Pseudogetreide	weißer Reis, Nudeln (kein Vollkorn)
grünes Blattgemüse	Mais, Produkte aus Maismehl
Hülsenfrüchte	Kartoffeln
wasserhaltiges Gemüse (Gurke, Zucchini)	Kürbis und Rüben
Beeren, Apfel, Birne	reife Bananen, Wassermelone

Weizenprodukte aus Weißmehl, Süßigkeiten, Backwaren oder zuckerhaltige Getränke wie Limonade oder Cola sollten eher seltener auf Ihrem Ernährungsplan stehen. Das Problem bei diesen Lebensmitteln ist, dass sie einen hohen glykämischen Wert besitzen und damit den Blutzuckerspiegel schnell in die Höhe schießen lassen. Das ist gut für einen Energieschub, doch der Nachteil daran ist, dass der Blutzuckerspiegel danach genauso schnell wieder abfällt. Das wiederum führt zu einer Unterzuckerung und daher zu einem Leistungsverlust. Achten Sie also immer darauf, besonders die komplexen Kohlenhydrate zu sich zu nehmen. Diese liefern langfristig Energie für den Körper. Das liegt vor allem an der Struktur der komplexen Kohlenhydrate. Diese bestehen aus den sogenannten Mehrfachzuckern oder Polysacchariden, deren Molekularstruktur länger ist als die von Einfachzuckern, auch Monosaccharide genannt, wie z. B. Traubenzucker. Der Körper braucht demnach mehr Zeit, die Polysaccharide aufzuspalten, und so wird die Energie nach und nach bereitgestellt und lässt den Blutzuckerspiegel nicht kurzfristig in die Höhe schießen. Der tägliche Bedarf an Kohlenhydraten liegt laut der Deutschen Gesellschaft für Ernährung (DGE) bei 55-60 %.

Bei Wettkampfsportlern, die sich beispielsweise auf einen Marathon vorbereiten, liegt dieser Wert bei 65-70 %. Weiterhin sollten 25-30 % des täglichen Bedarfs mit **Fetten** ausgefüllt werden. Wichtig ist hier, dass Sie nicht komplett auf Fette verzichten. In der Vergangenheit galt es, dank ihres schlechten Rufs, so gut wie möglich auf Fette zu verzichten. Das ist lange überholt, denn auch Fette gehören zu den drei wichtigsten Makronährstoffen. Als einziger Makronährstoff können Fette nämlich nicht selbst vom Körper hergestellt werden. Der Körper ist also darauf angewiesen, dass wir diese über die Nahrung aufnehmen, aber auch bei den Fetten gibt es Unterschiede: Gesunde Fette wie Leinöl, Nüsse, Avocado oder Fisch sind durchaus wichtig. Vor allem die in Fisch enthaltenen und lebensnotwendigen Omega-3-Fettsäuren müssen in ausreichendem Maße über die Nahrung aufgenommen werden. Die Transfettsäuren, die bei lebensmitteltechnologischen Prozessen entstehen, sollte man allerdings weitestgehend meiden, da diese einen schädlichen Einfluss auf den Körper haben. Fette generell sind extrem wichtig für die Leistungsfähigkeit und sie halten den Hormonhaushalt in Balance. Besonders wichtig sind die einfach ungesättigten Fettsäuren, um fettlösliche Vitamine aufzunehmen. Im Folgenden finden Sie eine Tabelle mit allen gesunden Fetten, die Sie in Maßen ohne Bedenken essen können.

Pflanzliches Fett	Tierisches Fett	Ölsaaten & Nüsse
Avocado	Seelachs	Erdnüsse
Oliven	Thunfisch	Walnüsse
Kokosfruchtfleisch	Makrele	Paranüsse
Leinöl	Eier	Mandeln
Walnussöl		Sesam
Hanföl		Leinsamen
Olivenöl		Hanfsamen
Rapsöl		Sonnenblumenkerne
Sesamöl		Kürbiskerne
Kürbiskernöl		

Als dritte und letzte Gruppe der Makronährstoffe gehören die **Proteine** auf jeden Speiseplan. Eiweiße oder Proteine sind lange Ketten aus Aminosäuren und werden vor allem dadurch für den Körper unerlässlich, da er neun von insgesamt 20 wichtigen Aminosäuren nicht selber herstellen kann. Der Körper ist also darauf angewiesen, dass man auch diese durch die Nahrung aufnimmt. Das betrifft die folgenden Aminosäuren:

- **Isoleucin**: Wichtig für das zentrale Nervensystem und für den Muskelaufbau. Besonders in Cashewnüssen, Erdnüssen, Linsen, Erbsen, Käse, Rind- und Hähnchenfleisch enthalten.
- **Leucin**: Wichtig für den Muskelaufbau und den Erhalt der Muskulatur sowie einen konstanten Blutzuckerspiegel. Besonders in Linsen, Sojabohnen, Erbsen, Kürbiskernen, Walnüssen, Cashewnüssen, Käse und Eiern enthalten.
- **Lysin**: Fördert die Zellteilung und das Knochenwachstum, beteiligt an der Bildung von Kollagen (wichtig für Bindegewebe). Besonders in Kürbiskernen, Linsen, Kichererbsen, Buchweizen, Vollkornprodukten, Haferflocken, Käse, Tofu und Eiern enthalten.
- **Methionin**: Wichtig für die Bildung der Aminosäure Cystein und für verschiedene Stoffwechselabläufe. Besonders in Paranüssen, Sesam, Sojabohnen, Eiern, Erbsen, Walnüssen, in grünem Blattgemüse und Brokkoli enthalten.
- **Phenylalanin**: Wichtig für Umwandlung in Tyrosin, Tyrosin wird für die Bildung von Schilddrüsenhormonen und Adrenalin benötigt. Besonders in Soja, Möhren und Tomaten, Nüssen und Weizenkeimen, Milchprodukten, Fleisch und Fisch enthalten.
- **Threonin**: Wichtig für die Umwandlung in Glycin, zur Unterstützung des Knochenaufbaus und für die Bildung von Antikörpern. Besonders in Papayas, Möhren und Spinat enthalten.
- **Tryptophan**: Wichtig für die Umwandlung zu Serotonin und demnach auch für den Schlafrhythmus. Besonders enthalten in Sojabohnen, Cashewnüssen, Haselnüssen, Kürbiskernen, Kakaopulver, Haferflocken und Eiern.
- **Valin**: Wichtig für die Regulierung des Blutzuckerspiegels, das Immunsystem und die Gehirnaktivität. Besonders zu finden in Dinkelmehl, Haferflocken, Thunfisch, Hefe, Eiern, Käse und Hähnchenfleisch.

Etwa 15-25 % einer Mahlzeit sollten demnach aus Proteinen bestehen, weil sie für den Körper unerlässlich sind.

NAHRUNGSERGÄNZUNGSMITTEL

Natürlich sollte man immer versuchen, den Bedarf an Vitaminen, Spurenelementen und Mineralstoffen durch eine ausgewogene und gesunde Ernährung zu decken. Fakt ist aber auch, dass Sportler, die sehr häufig trainieren und größere Distanzen zurücklegen, einen höheren Bedarf an den Stoffen haben. Mineralstoffe wie Magnesium, Eisen, Calcium und vor allem die B-Vitamine gehen schnell verloren, wenn man schweißtreibende Trainingseinheiten hinter sich hat, und sollten danach möglichst schnell wieder aufgefüllt werden. Versuchen Sie daher, so vielfältig wie möglich zu essen, vor allem viel Obst und Gemüse.

Kommt es zu einem Nährstoffmangel im Körper, so kann sich dieser stark auf die Leistungsfähigkeit ausüben. Es kommt zur Unterversorgung der Muskulatur und dies führt wiederum zu Muskelkrämpfen oder einer Unterversorgung mit Sauerstoff. Andersherum: Nimmt man Nahrungsergänzungsmittel überdosiert ein, so ist das in den meisten Fällen harmlos, da der Körper die meisten Nährstoffe ungenutzt wieder ausscheidet. Doch das ist nicht bei allen Mitteln so. Einige können sogar ernste Probleme verursachen. In leichteren Fällen sind das Magen- und Darmbeschwerden, in schwereren Fällen kann eine Überdosierung zur Schädigung der Nieren führen. Während beispielsweise zu viel Magnesium lediglich Bauschmerzen auslösen kann, ist ein Zuviel an Calcium kritisch, da es die Reizweiterleitung am Herzen beeinträchtigen und so sogar zu einem Herzinfarkt führen kann. Seien Sie also mit der Einnahme von Nahrungsergänzungsmitteln vorsichtig, es ist nicht immer so harmlos, wie viele denken.

Es gibt zudem unzählige Nahrungsergänzungsmittel in unterschiedlichsten Formen. Sollten Sie wirklich den Verdacht haben, dass Sie einen Mangel haben, sollten Sie unbedingt Ihr Blut von einem Arzt untersuchen lassen. So kann festgestellt werden, ob wirklich eine Unterversorgung besteht und welcher Stoff Ihnen genau fehlt. So kann man die Ernährung entsprechend anpassen.

WANN SOLLTE MAN ESSEN?

Wie bereits beschrieben, braucht der Körper ausreichend Energie, um seine Leistung zu erbringen. Deshalb ist es auch nicht ganz unerheblich, wann man seine Mahlzeiten zu sich nimmt. Die Herausforderung liegt darin, sich beim Laufen nicht voll zu fühlen, um so Seitenstechen oder Übelkeit zu vermeiden. Die letzte Mahlzeit sollte aber auch nicht zu lange zurückliegen, um noch genug Energie für die sportliche Aktivität parat zu haben. Idealerweise sollten seit der letzten Mahlzeit daher maximal zwei bis drei Stunden vergangen sein. Sie sollte aus einem Mix aus komplexen Kohlenhydraten und Proteinen bestehen. Sollten Sie kurz vor dem Laufen das Gefühl von Hunger verspüren und noch etwas essen wollen, eignen sich hier besonders gut ein paar Nüsse, eine Banane oder sogar ein selbst zubereiteter Smoothie. Vergessen Sie zudem nicht, genug zu trinken. Es wird empfohlen, 30 Minuten vor dem Training 300-500 ml stilles Wasser oder ein Isogetränk zu sich zu nehmen, um für das Training ausreichend hydriert zu sein. Doch das sind alles nur Empfehlungen. Sie sollten generell selbst ausprobieren, was Ihrem Körper guttut.

Laufen am Morgen: Beim Laufen am Morgen stellt sich eine Frage, die sich sonst zu keiner anderen Tageszeit stellt: Wie handhabt man es dann mit dem Frühstück, vor oder nach dem Laufen? Dazu muss man wissen, dass besonders morgens, auf nüchternen Magen, nur sehr wenige Kohlenhydrate oder auch das Glykogen (Speicherform der Kohlenhydrate) zur Verfügung stehen. Dies ist vor allem der Fall, wenn man abends, wie empfohlen, ein proteinreiches Abendessen zu sich genommen hat. Am Morgen ist der Blutzuckerspiegel deshalb besonders niedrig und der Körper greift auf freie Fettsäuren zurück. Das führt dazu, dass der Fettstoffwechsel angekurbelt wird. Das heißt aber nicht, dass diese Technik automatisch zum Gewichtsverlust führt. Erst, wenn am Ende des Tages die Kalorienbilanz negativ ist, man also mehr Kalorien verbraucht, als man zu sich genommen hat, führt das zum Gewichtsverlust. Man kann also sagen, dass morgens auf nüchternen Magen keine Höchstleistungen garantiert sind. Für längere Läufe am Morgen empfiehlt es sich, vor dem Lauf eine Banane oder einen Vollkorntoast mit Honig zu essen. Auch hier gilt: Probieren Sie aus, was Ihrem Körper guttut.

Vorsicht: Sollten Sie morgens Probleme mit dem Kreislauf haben, ist von sportlicher Aktivität auf nüchternen Magen eher abzuraten.

Essen während des Laufens: Haben Sie Ihren Körper vor dem Lauf ausreichend mit komplexen Kohlenhydraten versorgt, so sind Ihre Glykogenspeicher voll. Dann schafft der Körper leicht moderate Belastungen im Bereich von einer bis zwei Stunden ohne Leistungsabfall, auch wenn Sie keine weitere Nahrung zu sich nehmen. Sollten Sie länger als zehn Kilometer laufen oder auch deutlich länger als eine Stunde, so ist es ratsam, eine Stunde nach dem Start jede halbe Stunde ein paar Kohlenhydrate zu sich zu nehmen. Hier empfiehlt sich beispielsweise etwas Trockenobst, um einen Leistungsabfall aufgrund von fehlender Energie zu vermeiden.

Essen nach dem Laufen: Das Essen nach dem Laufen ist besonders wichtig. Hier wird dem Körper das zurückgegeben, was er während des Laufens verloren hat. Ein schnelles Auffüllen der Energiespeicher sorgt für eine schnellere Regeneration. Man sollte allerdings nicht direkt nach dem Lauf etwas essen. Um den sogenannten Nachbrenneffekt noch etwas auszunutzen, empfiehlt es sich, 30-60 Minuten nach Beendigung des Laufens eine ausgewogene Mahlzeit zu sich zu nehmen. Wichtig ist hierbei, die Glykogenspeicher in Form von komplexen Kohlenhydraten wieder aufzufüllen, aber auch Proteine und ganz besonders Elektrolyte, die beim Schwitzen verloren gegangen sind, müssen wieder aufgefüllt werden. Zu den wichtigsten Elektrolyten zählen Magnesium, Kalium und Zink.

REZEPTVORSCHLÄGE

Einige Rezepte eignen sich besonders gut für Läufer, da sie jede Menge Kohlenhydrate, Proteine und Mineralstoffe enthalten. Im Folgenden werden drei Rezepte vorgestellt, die Ihnen viel Energie liefern und Ihre Reserven besonders schnell wieder auffüllen.

Rezept 1: Halloumiburger mit Pastinaken-Karotten-Pommes

Burger müssen nicht immer ungesund sein. Der Vollkornhalloumiburger mit Pastinaken-Karotten-Pommes ist eine gesunde Alternative zu den typischen Fastfood-Burgern. Mit Kohlenhydraten, Proteinen, Vitaminen und Mineralien stellt diese Mahlzeit alles, was man braucht, um nach einem anstrengenden Lauf seine Reserven wieder aufzufüllen.

Zutaten für zwei Personen:

1 Pastinake
2-3 Möhren
1-2 rote Zwiebeln
1 Aubergine
2 Halloumikäse
2 Vollkorn-Burgerbrötchen
100 g Joghurt
50 g Rucola
Salz, Pfeffer, Zucker und Olivenöl

Zubereitung:

1. Den Backofen auf 200 °C vorheizen. Die Pastinake und die Karotten werden geschält und in ca. 5 cm lange und 1 cm dicke Stücke geschnitten. Mit etwas Olivenöl, Salz und Pfeffer bestreut, werden die Stäbchen auf einem mit Backpapier ausgelegten Backblech ausgebreitet und gleichmäßig verteilt. Im Ofen für 20-25 Minuten backen lassen. Auch die Aubergine wird gewaschen, das Ende wird entfernt und das Fruchtfleisch dann in ca. 0,5 cm dicke Scheiben geschnitten. Die Scheiben auf ein Küchenpapier legen und kurz zur Seite stellen.
2. Die roten Zwiebeln werden geschält und in feine Streifen geschnitten. In einer Pfanne wird etwas Öl erhitzt und die Zwiebeln werden darin angebraten. Geben Sie 1 TL Zucker und eine Prise Salz hinzu. Lassen Sie die Zwiebeln so lange anbraten, bis der Zucker karamellisiert ist und die Zwiebeln eine leicht bräunliche Farbe bekommen. Anschließend werden die Zwiebeln von der Hitze genommen.
3. In einer Pfanne etwas Olivenöl erhitzen und die Auberginenscheiben darin leicht anbraten. Salzen und pfeffern und dann die Scheiben auf einem Küchenpapier zur Seite stellen. Anschließend den Halloumikäse leicht anbraten und erwärmen.
4. In den letzten 5 Minuten der Backzeit der Pastinaken-Karotten-Pommes werden die Vollkornbrötchen mit in den Ofen gelegt. Währenddessen wird der Dip zubereitet. Dafür den Joghurt mit Pfeffer und Salz abschmecken. Ist alles fertig gebacken, werden die Burgerbrötchen aufgeschnitten und auf beiden Seiten mit etwas Dip eingestrichen. Das Ganze mit dem Halloumikäse und den Auberginenscheiben belegen. Mit Zwiebelrelish und Rucola verfeinern. Zusammenklappen und mit den Pommes und dem restlichen Joghurt-Dip genießen.

Rezept 2: Erfrischender Kichererbsensalat

Der Kichererbsen-Salat eignet sich wunderbar als Mahlzeit nach dem Laufen. Er versorgt den Körper mit Kohlenhydraten und pflanzlichen Proteinen. Durch die unterschiedlichen Gemüsesorten kommen auch Vitamine und Mineralstoffe nicht zu kurz.

Zutaten für zwei Personen:

1 kleine Dose (200 g) Kichererbsen
1/2 Salatgurke
200 g Kirschtomaten
½ Zwiebel
100 g Feta
2 EL Weißweinessig
2 EL Olivenöl
1 TL Honig
Salz, Pfeffer, Schnittlauch, Petersilie, Paprikapulver (edelsüß oder rosenscharf)

Zubereitung:

1. Den Backofen auf 180 °C vorheizen. Die Kichererbsen werden aus der Dose in ein Sieb gegeben und abgewaschen. Anschließend mit einem Tuch abtupfen. Mit etwas Olivenöl werden die Kichererbsen auf einem mit Backpapier ausgelegten Backblech ausgebreitet und gleichmäßig verteilt. Im Ofen für 15 Minuten backen lassen.
2. In der Zwischenzeit werden Salatgurke und Tomaten gewaschen. Die Tomaten werden halbiert und die Salatgurke wird in kleine Stücke geschnitten. Auch die Zwiebel wird geschält und in kleine Streifen geschnitten. Der Fetakäse wird grob zerbröselt.
3. Die Kichererbsen werden kurz aus dem Ofen genommen und mit Paprikapulver, Salz und Pfeffer nach Belieben bestreut. Die Kichererbsen kurz wenden, durchmischen und dann noch einmal für 5 Minuten im Backofen weiter backen lassen.
4. Für das Dressing die Blätter der Petersilie von den Stängeln zupfen und genauso wie den Schnittlauch klein hacken. Essig, Honig und Olivenöl mit 1 EL Wasser verrühren. Das Dressing mit Salz und Pfeffer abschmecken.
5. Die Kichererbsen aus dem Ofen nehmen und kurz abkühlen lassen. Anschließend alle Zutaten mit dem Dressing vermengen und gegebenenfalls noch einmal mit Salz und Pfeffer abschmecken. Der erfrischende Kichererbsen-Salat ist fertig, lassen Sie es sich schmecken!

Rezept 3: Moussaka mit Linsen und Hähnchenbrust

Linsen im Moussaka und Spinatsalat versorgen den Körper ausreichend mit Kohlenhydraten und Ballaststoffen, aber auch mit Mineralien wie Eisen. Die magere Hähnchenbrust sorgt für die Versorgung mit tierischen Proteinen. Durch die verschiedenen Gemüsesorten ist auch die Versorgung mit Vitaminen sichergestellt.

Zutaten für zwei Personen:

1 Dose (200 g) Linsen
2 Stücke Hähnchenbrust
50 g Parmesankäse
200 g passierte Tomaten
1 Aubergine
100 g Babyspinat
50 g Oliven
150 g Kirschtomaten
1 TL Honig
1 TL Senf
Salz, Pfeffer und Olivenöl

Zubereitung:

1. Den Backofen auf 200 °C vorheizen. Das Fleisch waschen, abtupfen und mit Salz und Paprikapulver würzen. In einer Pfanne wird die Hähnchenbrust knusprig angebraten.
2. Die Linsen werden aus der Dose in ein Sieb gegeben und abgewaschen, bis das Wasser klar hindurchläuft. Anschließend auch die Linsen mit einem Tuch trocken tupfen. In einer großen Auflaufform werden die Linsen mit den passierten Tomaten gemischt und mit Salz und Pfeffer abgeschmeckt. Der Boden der Auflaufform sollte gleichmäßig bedeckt sein. Die angebratene Hähnchenbrust ebenfalls in die Auflaufform geben. Mit Linsen bedecken.
3. Die Aubergine wird in ca. 0,5 cm dicke Scheiben geschnitten und auf den Linsen verteilt. Etwas salzen und im Backofen 25-30 Minuten backen, bis die Aubergine gar ist. In den letzten 10 Minuten Backzeit den Parmesankäse auf die Aubergine geben. In einer Schüssel wird Honig und Senf mit etwas Olivenöl und Wasser vermengt. Das Ganze mit Salz und Pfeffer abschmecken. Den Babyspinat waschen und die Oliven und Kirschtomaten hinzugeben. Kurz vor dem Anrichten mit dem Dressing vermengen. Fertig ist das Moussaka mit Hähnchenbrust, Linsen und Beilagensalat!

Rezept 4: Bircher Müsli

Besonders wichtig ist es, morgens mit einem energiereichen und gesunden Frühstück in den Tag zu starten. Leider sind handelsübliche Müslis oft sehr zuckerhaltig. Daher kann man sich ein gesundes Bircher Müsli am besten selber zubereiten. Durch das frische Obst ist man mit ausreichend Vitaminen und Mineralstoffen versorgt, die Haferflocken liefern zahlreiche komplexe Kohlenhydrate und Ballaststoffe und durch die Nüsse ist auch die Versorgung mit gesunden Fetten sichergestellt.

Zutaten für eine Portion:

150 g zarte Haferflocken
400 ml Milch
50 g gehackte Nüsse (z. B. Haselnüsse)
2 EL Rosinen
½ Banane
1 Apfel
50 g Himbeeren oder Heidelbeeren
2 TL Zitronensaft
2-3 TL Honig oder Agavendicksaft

Zubereitung:

1. Die Milch und die zarten Haferflocken verrühren und mindestens drei Stunden quellen lassen. Sie können die Schüssel auch über Nacht zugedeckt in den Kühlschrank geben.
2. Nüsse fein hacken und mit den Rosinen unter das Müsli heben.
3. Apfel waschen, entkernen und in kleine Stücke schneiden. Auch die Banane wird in kleine Scheiben geschnitten. Mit dem Zitronensaft verrühren, damit Apfel und Banane nicht braun werden. Anschließend zusammen mit Himbeeren oder Heidelbeeren unter das Müsli heben.
4. Mit dem Honig oder dem Agavendicksaft nach Belieben etwas süßen. Fertig ist das gesunde Frühstück.

Das Bircher Müsli kann nach Belieben variiert werden. Ihrer Fantasie sind hier keine Grenzen gesetzt. Die Milch kann beispielsweise durch einen Haferdrink, Orangensaft oder Joghurt ersetzt werden. Auch die Früchte können Sie nach Ihrem Geschmack variieren. Als Nüsse können ersatzweise auch Mandeln oder Walnüsse verwendet werden. Seien Sie kreativ und kreieren Sie Ihr eigenes Müsli!

Mit Lauftraining effektiv Körperfett reduzieren

Wer läuft, der tut nicht nur etwas für seine Gesundheit und ein besseres Körpergefühl. Laufen eignet sich auch wunderbar zur Reduzierung des Körpergewichts. Mit Laufen verliert man Gewicht, indem man zum einen den Fettstoffwechsel ankurbelt und zum anderen die Kalorienbilanz im Auge behält. Fakt ist: Mit einem erhöhten Fettstoffwechsel allein kann man nicht abnehmen. Am Ende des Tages müssen mehr Kalorien verbraucht werden, als aufgenommen wurden, die Energiebilanz muss also negativ sein. Der tägliche Energieumsatz bei leichten Tätigkeiten liegt bei ca. 2200 Kalorien. Davon werden für den Grundumsatz etwa 60-70 % verwendet. Der Grundumsatz ist nicht veränderbar, denn der Grundumsatz gibt den Energieverbrauch im Ruhezustand an. Darunter fallen bekanntlich Prozesse, wie beispielsweise die Atmung, für die ebenfalls Energie benötigt wird, die aber vom Menschen nicht bewusst gesteuert werden können, und auch im Schlaf wird Energie verbraucht. Etwa 30-40 % wiederum fallen auf den Leistungsumsatz, also die Energie, die tatsächlich durch körperliche Aktivität verbraucht wurde.

Es gibt also zwei grundsätzliche Möglichkeiten, abzunehmen. Zum einen kann man weniger Kalorien zuführen, d. h. Lebensmittel essen, die eine geringere Kalorienzahl haben, um die Energiebilanz negativ zu halten. Zum anderen kann man den Leistungsumsatz steigern, also mehr Kalorien durch sportliche Aktivität verbrauchen. In den meisten Fällen ist eine Kombination aus beiden Methoden die wirksamste. Will man besonders durch das Lauftraining abnehmen, so gibt es einige Dinge zu beachten. In der Fettverbrennungszone, also dem Bereich, in dem der Körper während des Trainings am meisten Fett verbrennt, befindet man sich bei 60-70 % der maximalen Herzfrequenz. Man spricht hier auch vom Wohlfühltempo, d. h., laufen Sie zu zweit und können sich während des Laufens noch entspannt unterhalten, so befinden Sie sich mit hoher Wahrscheinlichkeit genau in diesem Prozentbereich des Maximalpulses. Warum bei anstrengenderem Training nicht auch mehr Fett verbrannt wird, liegt an den zwei unterschiedlichen Stoffwechselprozessen, die im Körper ablaufen, um Energie bereitzustellen. Der bereits erwähnte aerobe Energiestoffwechsel benutzt Sauerstoff, um Kohlenhydrate und Fette in für den Körper verwertbare Energie umzuwandeln. Bei intensiveren Trainingseinheiten wechselt der Körper immer häufiger in den anaeroben Energiestoffwechsel. Durch Milchsäuregärung wird die Energie aus Kohlenhydraten gewonnen, ohne den Verbrauch von Sauerstoff. Fette werden im anaeroben Energiestoffwechsel nicht verbrannt. Sollte Ihr primäres Ziel also der Gewichtsverlust sein, sollten Sie darauf achten, immer im aeroben Stoffwechselbereich zu trainieren.

Der Nachbrenneffekt

Dass durch anaerobe Trainingseinheiten kein Fett verbrannt wird, stimmt nur teilweise, denn es gibt den sogenannten Nachbrenneffekt. Nach dem Training kommt es im Körper zu einem erhöhten Sauerstoffverbrauch. Der Körper geht in einen Zustand über, in dem die Stoffwechselprozesse auf Hochtouren laufen. Der Grundumsatz, also der Energieverbrauch im Ruhezustand, steigt. Der Körper verbraucht Kalorien, obwohl man das Training bereits abgeschlossen hat und gerade nichts dafür tut.

Doch wie funktioniert der Nachbrenneffekt genau?

Absolviert man eine Trainingseinheit, so setzt das im Körper einige Prozesse in Gang. Beispielsweise steigen Körpertemperatur, Herz- und Atemfrequenz an und der Wasser-, Elektrolyt- und Hormonhaushalt geraten ins Ungleichgewicht. Man nennt das die Störung der Homöostase. Beim Nachbrenneffekt ist der Körper damit beschäftigt, alle diese Systeme zu regulieren und wieder ins Gleichgewicht zu bringen. Folgende Prozesse spielen sich nach dem Training im Körper ab:

- Auffüllung von Glykogen- und Sauerstoffspeicher
- Erhöhte Proteinsynthese
- Reparieren der Mikrotraumata
- Abbau von Laktat (Milchsäure)
- Hormonausschüttung
- Stärkung von Herz und Gefäßen (Kapillarisierung)

Je intensiver und länger Sie trainiert haben, desto länger dauert auch der Nachbrenneffekt an. Besonders stark ist dieser Effekt nach Intervalleinheiten, besonders nach HIIT und Kraftausdauertraining. Dabei ist er eine Stunde nach Trainingsende am höchsten und nimmt dann langsam wieder ab. Der Nachbrenneffekt verläuft dabei in drei Phasen:

1. Phase: In der ersten Phase ist der Körper damit beschäftigt, den Kreislauf wieder zu normalisieren. Dazu gehört die Regulierung von Atem- und Herzfrequenz sowie des Stoffwechsels.

2. Phase: Etwa eine Stunde nach Trainingsende beginnt die zweite Phase des Nachbrenneffekts. Hier kümmert sich der Körper um die Versorgung der Muskeln mit Proteinen. Dazu wird viel Energie benötigt und demnach werden auch Kalorien verbrannt.

3. Phase: Der Nachbrenneffekt kann bis zu 72 Stunden anhalten. Dann ist der Körper vor allem mit dem Abbau von Laktat beschäftigt (= Muskelkater). Solange die Spannung in der Muskulatur nach dem Training erhöht bleibt, laufen dort auch Regenerationsprozesse ab, die einen erhöhten Kalorienverbrauch zur Folge haben.

Je erschöpfter die Muskulatur nach dem Training also ist, desto höher ist auch der Nachbrenneffekt. Im Durchschnitt werden 10 % vom Kalorienumsatz des Trainings durch den Nachbrenneffekt verbraucht. Das kann auch einmal auf bis zu 30 % ansteigen. Sehr angenehm, wenn man bedenkt, dass dieser Kalorienverbrauch ohne Mehraufwand erfolgt. Generell dauert der Nachbrenneffekt bei Anfängern länger an, da diese auch mehr Zeit benötigen, um zu regenerieren. Allerdings können trainierte Läufer den Nachbrenneffekt ebenfalls intensivieren, indem sie ihre Trainingseinheiten intensiver gestalten.

Deshalb ist es auch so wichtig, seinem Körper nach dem Training Zeit zu geben, sich zu regenerieren. Startet man zu früh mit der nächsten Trainingseinheit, ist der Körper noch mit anderen Prozessen beschäftigt und kann nicht all seine Energie für die anstehende Trainingseinheit aufbringen.

Muskelaufbau

Das Praktische am Laufen ist, dass Sie nicht nur Ihren Kalorienverbrauch erhöhen, sondern ebenfalls Beine, Hüft- und Rumpfmuskulatur trainieren. Die Muskeln bauen sich nach und nach auf, werden größer und definierter. Wundern Sie sich nicht, wenn die Waage zunächst in diesem Anfangsstadium etwas mehr anzeigt. Muskeln sind schwerer als Fettzellen, doch haben sie bei gleichem Gewicht weniger Volumen. Die Waage zeigt zunächst also keine Veränderung an, aber Sie können an Ihrem Körper bereits positive Veränderungen sehen, wenn sich die Fettzellen in Muskelzellen umwandeln.

Ein weiterer schöner Nebeneffekt ist, dass mehr Muskeln auch mehr Fett verbrennen können. Haben Sie also mehr Muskelmasse, können Sie auch mehr Kalorien zu sich nehmen, ohne zuzunehmen. Wollen Sie dem Muskelaufbau noch etwas nachhelfen, so sollten Sie zusätzlich zu den Laufeinheiten einmal pro Woche eine Krafttrainingseinheit einschieben.

Trainingsplan

FITNESS & AUSDAUER IN 8 WOCHEN— VON DEN GRUNDLAGEN BIS HIN ZU DEN 15 KM

Wollen Sie in 8 Wochen von einer moderaten Grundlagenausdauer auf 15 Kilometer Laufen ohne Gehpause kommen, so erfordert das eine Menge Zeit und Disziplin. Um dieses Ziel in so kurzer Zeit zu erreichen, muss mindestens viermal pro Woche trainiert werden. Die Laufeinheiten müssen zudem mit Kraft-, Stabilitäts- und Mobilitätstraining ergänzt werden, um Verletzungen vorzubeugen. Im Folgenden finden Sie einen Trainingsplan, der Sie in 8 Wochen von 30 Minuten Laufen auf 120 Minuten Laufen bringt. Der Trainingsplan beinhaltet alle Trainingseinheiten, die man dafür braucht. Sollten Sie sich etwas mehr Zeit lassen wollen, so können Sie den Trainingsplan individuell anpassen, indem Sie die Laufzeiten und die Intervalle des Intervalltrainings langsamer steigern. Es gibt zudem kombinierte Trainingseinheiten (in grau dargestellt), hier sollte der Fokus besonders auf der ersten Einheit liegen.

	Montag	Dienstag	Mittwoch	Donnerstag	Freitag	Samstag	Sonntag
Woche 1	Pause	30 Minuten Dauerlauf + eine Einheit Stabilitätstraining	Pause	40 Minuten Dauerlauf	30 Minuten Dauerlauf	Pause	40 Minuten Dauerlauf + eine Einheit Kraftübungen (ein Zirkeltraining)
Woche 2	aktive Regeneration 35 Minuten Spazieren, Radfahren, Schwimmen oder Yoga	50 Minuten Dauerlauf	Pause	Mobilitätstraining zum Aufwärmen + Intervalltraining (6-mal 800 Meter mit 400-Meter-Trabpausen)	30 Minuten Dauerlauf	Pause	45 Minuten Dauerlauf + eine Einheit Stabilitätstraining
Woche 3	aktive Regeneration 35 Minuten Spazieren, Radfahren, Schwimmen oder Yoga	60 Minuten Dauerlauf	Pause	Mobilitätstraining zum Aufwärmen + eine Einheit Krafttraining (ein Zirkeltraining)	50 Minuten Dauerlauf	Pause	Pause
Woche 4	aktive Regeneration 35 Minuten Spazieren, Radfahren, Schwimmen oder Yoga	65 Minuten Dauerlauf	Pause	30 Minuten Dauerlauf	Mobilitätstraining zum Aufwärmen + Intervalltraining (5-mal 1.200 Meter mit 400-Meter-Trabpausen)	Pause	55 Minuten Dauerlauf + eine Einheit Stabilitätstraining

Woche 5	aktive Regeneration 35 Minuten Spazieren, Radfahren, Schwimmen oder Yoga	70 Minuten Dauerlauf	Pause	30 Minuten Dauerlauf + eine Einheit Kraftübungen (ein Zirkeltraining)	85 Minuten Dauerlauf	Pause	Pause
Woche 6	aktive Regeneration 35 Minuten Spazieren, Radfahren, Schwimmen oder Yoga	80 Minuten Dauerlauf	Pause	Mobilitätstraining zum Aufwärmen + eine Einheit Krafttraining (ein Zirkeltraining)	90 Minuten Dauerlauf	Pause	Mobilitätstraining zum Aufwärmen + Intervalltraining (4-mal 1.600 Meter mit 400-Meter-Trabpausen)
Woche 7	aktive Regeneration 35 Minuten Spazieren, Radfahren, Schwimmen oder Yoga	95 Minuten Dauerlauf	Pause	30 Minuten Dauerlauf + eine Einheit Stabilitätstraining	100 Minuten Dauerlauf	Pause	60 Minuten Dauerlauf
Woche 8	aktive Regeneration 35 Minuten Spazieren, Radfahren, Schwimmen oder Yoga	100 Minuten Dauerlauf	Pause	Mobilitätstraining zum Aufwärmen + eine Einheit Krafttraining (ein Zirkeltraining)	60 Minuten Dauerlauf	Pause	120 Minuten Dauerlauf

Bonus: Coaching zum Marathon

Der Marathonlauf ist die Königsdisziplin der sportlichen Laufveranstaltungen und zugleich die längste Laufdisziplin in der Leichtathletik bei den Olympischen Spielen. Damals noch bestehend aus 25 Meilen, wird die Strecke seit 1896 von Männern, und seit 1984 auch von Frauen absolviert. Die Streckenlänge des Marathons wurde 1921 auf 42,195 Kilometer festgelegt. Das geht zurück auf die Olympischen Spiele 1908 in London: Die Läufer sollten damals von Schloss Windsor starten und in das neu erbaute Olympiastadion einlaufen. Mit einer Distanz von damals noch 25 Meilen (40 Kilometer) kam man allerdings nicht hin, sodass noch heute die Strecke von 42,195 Kilometern als Marathonstrecke bezeichnet wird.

ZIELSETZUNG

Wer eine lange Vorbereitung auf einen Marathon durchhalten will, der braucht ein klares Ziel. Es gibt die unterschiedlichsten Varianten von Marathonläufen, da sollte sich für jeden der richtige finden – vom heimischen Stadtmarathon über eine Reise zu einer Metropole der Welt, in der ein Marathon stattfindet, bis hin zum Landschaftsmarathon. Entscheiden Sie selbst, welche Variante für Sie am attraktivsten ist. Achten Sie nur darauf, dass Sie mit Ihrem ersten Marathon nicht gleich den schwersten wählen. Es bietet sich an, diesen in flacherem Gelände durchzuführen. Haben Sie die Auswahl getroffen, so kennen Sie nun den Stichtag und sollten Ihr Training dahingehend planen.

Sie sollten allerdings nicht mit den Vorbereitungen starten, bevor Sie sich nicht bei einem Sportarzt vorgestellt haben. Die Belastungen eines Marathons auf den Körper sind nicht zu unterschätzen, wie einige Todesfälle jedes Jahr zeigen. Lassen Sie sich also einmal gründlich durchchecken und dem Marathonlauf steht nichts mehr im Wege.

Sie sollten sich zudem Gedanken machen, was Ihr Ziel für den Marathon ist. Das ist ganz entscheidend für die Gestaltung Ihres Trainings. Wollen Sie einfach nur vor Zielschluss die Ziellinie überqueren oder aber sich ein Zeitlimit von drei oder vier Stunden setzen? Dazu müssen Sie Ihren sportlichen Leistungsstand realistisch einschätzen und gegebenenfalls eine Leistungsdiagnostik machen.

VORBEREITUNG

Die ersten Wochen

Auf einen Marathon sollte man sich mindestens sechs Monate vorbereiten. Jede weitere Trainingswoche wird die Leistungsfähigkeit weiter verbessern. Damit man allerdings über einen so langen Zeitraum effektiv und zielführend trainieren kann, läuft das Training für einen Marathon in verschiedenen Phasen ab. Da der Körper auf Trainingsreize reagiert, zunächst mit Ermüdung, dann mit Anpassung, stellen sich immer wiederholende Trainingseinheiten über Wochen und Monate irgendwann keine Herausforderung mehr für den Körper dar. Die Anpassung der

Leistungsfähigkeit an das Training funktioniert so nicht mehr. Deshalb sollte man sein Training möglichst abwechslungsreich gestalten und in verschiedenen Phasen der Vorbereitung unterschiedliche Schwerpunkte setzen, sodass die Trainingsreize aufeinander aufbauen.

In den ersten acht bis zwölf Wochen legen Sie die Grundlagen für die späteren, etwas anspruchsvolleren Trainingseinheiten. In dieser Zeit wird ausgiebig an der Grundlagenausdauer gearbeitet, d. h. lange Läufe bei vergleichsweise geringer Herzfrequenz von 75 %. Am besten ist es, während des Laufens die Herzfrequenz mit einer Pulsuhr zu überwachen. Hier können auch die Ergebnisse einer Leistungsdiagnostik von Vorteil sein, denn diese sagen Ihnen genau, bei welchem Trainingspuls Sie laufen müssen, um die Grundlagenausdauer zu trainieren. Man kann allerdings auch mit der maximalen Herzfrequenz arbeiten. Schauen Sie zur Ermittlung dieser in das Kapitel „Unterschiedliche Typen von Ausdauer".

Grundlagenausdauer aufbauen heißt allerdings nicht, nur ruhige und lange Dauerläufe durch den Wald zu absolvieren. Sie sollten unbedingt auch andere Ausdauersportarten mit einbeziehen, die ebenfalls die Grundlagenausdauer verbessern, wie z. B. Schwimmen, Radfahren, Inlineskating etc. Das reduziert die monotone Belastung des Laufens und damit das Verletzungsrisiko.

Besonders in dieser Zeit gehören auf den Trainingsplan eines Marathonläufers ebenfalls einmal wöchentlich 45 Minuten Stabilisationstraining und Hügeltraining.

Halbzeit

Drei Monate vor dem eigentlichen Marathon wird nun das Training etwas umgestellt. Nun startet man mit der eigentlichen Wettkampfvorbereitung, nachdem man wochenlang seine Grundlagenausdauer gefestigt und ausgebaut hat. Nun gilt es in erster Linie, den Körper an die lange Distanz heranzuführen und ihn an das Tempo zu gewöhnen, das man während des Marathons laufen möchte. Deshalb stehen nun besonders lange Läufe in Abwechslung mit intensiveren Trainingseinheiten auf dem Trainingsplan. Der Gesamtumfang des Lauftrainings steigt in dieser Phase deutlich an, sodass nun auch Regenerationswochen zum Verarbeiten der Trainingsreize wichtig werden.

Nach drei intensiven Trainingswochen sollten Sie in dieser Vorbereitungsphase unbedingt eine Regenerationswoche einführen. In dieser Woche wird der Trainingsumfang deutlich reduziert. Der Körper nutzt diese Woche, um sich zu regenerieren, aber auch, um sich an die Trainingsreize anzupassen.
Ihr Leistungsfortschritt wächst also auch in dieser Woche. In dieser Trainingsphase werden Intervallläufe sehr wichtig. Mit diesen steigert man besonders die Laktattoleranz, sodass es trotz Laktatbildung und -anreicherung in der Muskulatur zu keinem Leistungsabfall kommt.

Neben der zunehmenden Belastung durch die Intervallläufe muss man sich auch unbedingt der Marathondistanz nähern. Es sollte einmal pro Woche ein langer Lauf absolviert werden, der sich der 30 Kilometermarke nähert. Am Ende dieser Vorbereitungsphase sollte man mindestens drei bis vier 30-Kilometer-Läufe absolvieren, um den Körper an die langen Belastungen zu gewöhnen. Dabei sollten Sie in der Vorbereitung einmal über 30 Kilometer gelaufen sein. Sie sollten ebenfalls trainieren, während der längeren Läufe zu essen und zu trinken. Die Flüssigkeits- und die Energieaufnahme auf der Strecke sind besonders wichtig.

Ende der Vorbereitung

Den letzten langen Trainingslauf sollten Sie für drei bis vier Wochen vor dem Marathon einplanen, das ist dann Ihr Testlauf. Laufen Sie aber hier auf **keinen Fall** die volle Marathondistanz. Sie werden sich bis zum richtigen Wettkampf nicht vollständig erholt haben. Danach beginnt die sogenannte Tapering-Phase, in der es hauptsächlich darum geht, sich auszuruhen. Sie sind nun gut vorbereitet und sollten in dieser Phase keine langen Läufe und intensive Trainingseinheiten mehr absolvieren. Jetzt kann der Marathon kommen. Viel Erfolg!

Exkurs: Laufen unter besonderen Bedingungen

LAUFEN BEI HITZE

Immer häufiger gehen auch in Deutschland die Temperaturen im Sommer enorm nach oben. 35 °C und mehr sind keine Seltenheit mehr. Doch möchte man auch bei solchen extremen Temperaturen keine Laufpause einlegen, so gibt es einige Dinge, die man beachten sollte. Es ist sehr wichtig, die Ozonwerte zu beachten. Ozon ist ein unsichtbares, nicht riechendes Gas, das als Auslöser für so manche Krankheiten (z. B. Krebs) gilt. Je heißer die Temperaturen im Sommer, desto höher ist auch die Ozonbelastung der Luft. Sie können die Ozonwerte der entsprechenden Tage bekannten Wetterportalen entnehmen. Die Ozonwerte steigen mit den Tagestemperaturen, erreichen also um die Mittagszeit ihre Höchstwerte. Am Morgen sind sie am niedrigsten. Daher empfiehlt es sich gerade im Sommer, die Laufrunde auf den Morgen zu legen. Auch ohne Sport muss der Körper bei Hitze Höchstleistungen bringen. Wenn Sie dann noch zusätzlich eine Runde laufen gehen, müssen Sie sicherstellen, dass Ihr Körper ausreichend mit Wasser versorgt ist. Je höher die Außentemperatur ist, desto mehr Durst hat man bei sportlichen Aktivitäten. Wer allerdings beim Sport zu viel trinkt, kann auch so seinen Körper stressen, vor allem die Nieren. Achten Sie daher darauf, dass Sie auch vor dem Sport gut hydriert sind. Wer morgens läuft, der sollte gut hydriert in die Nachtruhe gehen. Ansonsten trinken Sie regelmäßig, aber in kleinen Portionen.

Tipp: Ihr Trinkwasser beim Sport sollte nicht natriumarm sein. Das kann zu Übelkeit und Kopfschmerzen führen.

Beim Laufen selbst brauchen Sie über den Flüssigkeitsverlust auch im Sommer nicht beunruhigt zu sein. Sind Sie gut hydriert in den Lauf gestartet, so können Sie ohne zusätzliche Flüssigkeit auch im Sommer bis zu 90 Minuten laufen. Wer dennoch gerne zwischendurch etwas Wasser zu sich nehmen möchte, kann auf eine der zahlreichen Trinksysteme zurückgreifen. Vom Gürtel mit Trinkflasche bis hin zum Rucksack mit Trinkblase kann man hier alles Mögliche im Einzelhandel bekommen. Man kann aber auch einfach eine 0,5 Liter Flasche in die Hand nehmen, wenn man das möchte.

Nehmen Sie zudem, gerade, wenn es draußen sehr heiß ist, etwas Druck aus Ihren Trainingsplänen. Gehen Sie das Ganze etwas langsamer an. Sie müssen die Einheit nicht ausfallen lassen, aber laufen Sie vielleicht in einem etwas langsameren Tempo. Die Hitze belastet den Körper schon genug. Achten Sie auch auf Ihre Körpersignale, gerade bei so extremen Temperaturen. Hören Sie darauf, wenn Ihr Körper Ihnen sagt, dass heute nicht gelaufen wird. Laufen soll zur Gesundheit beitragen und sie nicht gefährden.

LAUFEN BEI KÄLTE

Auch im Winter möchte man als Läufer fit bleiben. Gerade, wenn man sich im Winter viel in beheizten Räumen mit trockener Heizungsluft aufhält, ist das Training an der frischen Luft sehr wichtig. Training bei kalten Temperaturen stärkt besonders das Immunsystem. Es gibt jedoch auch einige Dinge, die man bei niedrigen Temperaturen beachten muss. Im Winter muss beispielsweise mehr Zeit für das Aufwärmen vor dem Lauf eingeplant werden. Bei der kalten Umgebungstemperatur braucht die Muskulatur länger, um auf Betriebstemperatur zu kommen. Man kann, um auf Nummer sicher zu gehen, das Aufwärmen bereits drinnen starten.

Zudem sind die Atemwege gegenüber kalter Luft recht sensibel. Man sollte daher darauf achten, dass die kalte Umgebungsluft nicht direkt in die Lunge gelangt. Die Luft sollte bei kalten Temperaturen ausschließlich durch die Nase eingeatmet werden, da hier die kalte Luft erwärmt und befeuchtet wird. Wer das Gefühl hat, durch die Nase nicht genug Luft zu bekommen, der kann sich auch einen Schal oder ein Tuch vor den Mund binden. Auch das erwärmt die Luft, bevor sie in die Lunge gelangt.

Bei kalten Temperaturen sollte die Aktivität draußen ebenfalls etwas angepasst werden. Meistens stellt das Training im Winter eine größere Belastung dar, sodass 20-40 Minuten völlig ausreichen. Bei Temperaturen unter -15 °C sollte komplett auf das Training draußen verzichtet werden. Selbst durch die Nasenatmung oder einen Mundschutz kann dann die Luft nicht genügend erwärmt werden, sodass es zu Reizungen der Lunge kommen kann. Außerdem kühlt der Körper generell zu schnell aus.

Auch auf die richtige Kleidung sollte bei Minustemperaturen geachtet werden. Es ist ratsam, sich im sogenannten „Zwiebellook" zu kleiden, also mehrere Schichten übereinander zu tragen, und besonders auf Atmungsaktivität zu achten. Baumwollkleidung nimmt den Schweiß auf und kühlt den Körper zusätzlich, was in der kalten Umgebungstemperatur schnell zum Auskühlen des Körpers führen kann.

Sollten Sie diese Kleinigkeiten beachten, kommen Sie mit Sicherheit auch gut trainiert durch die Wintersaison. Wer dennoch nicht gerne in der Kälte draußen trainiert, kann wahlweise auch auf das Laufband im Fitnessstudio zurückgreifen.

LAUFEN MIT HUND

Viele Hundeliebhaber möchten gerne ihren Spaß am Laufen mit dem eigenen Vierbeiner teilen. Das ist in den meisten Fällen auch kein Problem, denn der Hund benötigt Auslauf und diesen mit dem eigenen Vergnügen zu verbinden, ist praktisch, spart Zeit und macht einfach mehr Spaß zu zweit. Doch auch beim Laufen mit Hund gibt es einige Dinge zu beachten.

Nicht jede Hunderasse ist zum Ausdauersport geeignet. Das gemeinsame Laufen macht nur dann Sinn, wenn der Vierbeiner auch den sportlichen Herausforderungen gewachsen ist. Es gibt einige Hunde, die schon rassebedingt dafür völlig ungeeignet sind, wie z. B. Dackel, Chihuahua oder generell flachnasige Hunde. Dabei kommt es tatsächlich auch häufiger auf die Größe an, da kurzbeinige Hunde oft schneller an ihre sportliche Belastungsgrenze geraten. Aber auch bei größeren Hunden kann es rassebedingt zu Problemen des Knochenapparats kommen, sodass ein intensives Ausdauertraining auch hier nicht ratsam wäre, so z. B. bei Schäferhunden oder auch Windhunden, die eher für kürzere Sprints, nicht aber für lange Joggingstrecken gezüchtet wurden. Rassen, die im Ruf stehen, viel Bewegung zu brauchen, wie z. B. Dalmatiner, Australian Shepherds oder gar Huskys, eignen sich als Joggingpartner perfekt. Das kann aber natürlich auch von Hund zu Hund unterschiedlich sein. Daher sollten Sie sich vorher unbedingt über die Rasse Ihres Hundes informieren und im besten Fall sogar den Tierarzt zurate ziehen. Natürlich kann auch dem Hund, genau wie dem Menschen, eine gewisse Sportlichkeit antrainiert werden. Einem Gesundheitscheck sollten sich allerdings vor Trainingsbeginn sowohl Mensch als auch Hund unterziehen. Danach steht dem gemeinsamen Training auch nichts mehr im Wege.

Auch das Alter des Hundes spielt eine große Rolle, denn nicht nur alte Hunde sollte man körperlich nicht überfordern, sondern auch bei sehr jungen Hunden ist bei zu großer Belastung Vorsicht geboten. Junge Hunde sind durch körperliche Aktivität schnell überfordert und auch der Knochenapparat ist noch nicht so stark wie bei ausgewachsenen Hunden, sodass zu intensives Training zu Verletzungen und Spätfolgen führen kann. Bitte bedenken Sie, dass auch Hunde trainieren müssen, deshalb ist es ratsam, die Hunde langsam an die intensivere Belastung heranzuführen.

Zudem kann der Hund nicht bei allen Bedingungen mitlaufen. Was uns Menschen als ideales Laufwetter erscheint, kann für den Hund schon zu heiß sein. Hitze ist besonders gefährlich für Hunde, weshalb diese an heißen Sommertagen lieber zu Hause bleiben sollten. Hitze allgemein setzt Hunden mehr zu, da Hunde ihren Körper nicht durch Schwitzen kühlen können. Überschüssige Wärme wird über die Zunge (Hecheln) und die Pfoten abgegeben. Deshalb ist es für den Hund auch in zweifacher Hinsicht sehr gefährlich, wenn man an heißen Tagen auf Asphalt läuft. Nicht nur, dass sich der Hund auf dem heißen Asphalt Verbrennungen an den Pfoten zuziehen kann, er wird auch die überschüssige Wärme über die Pfoten nicht mehr los und kann so sehr leicht überhitzen. Genauso kann im Winter das Streusalz den Pfoten des Vierbeiners zusetzen. Also am besten immer weichen Untergrund zum Lauftraining mit Hund wählen, dann sind Sie auf der sicheren Seite.

Genau wie der Mensch sollte auch der Hund vor der Aktivität keine großen Mengen fressen. Für den Hund kann das besonders gefährlich sein, da der Hundemagen frei im Bauchraum des Hundes hängt. Ist der Magen sehr voll und der Hund springt herum oder bewegt sich viel, kann es zu einer sogenannten Magendrehung kommen. Anzeichen für eine Magendrehung können sein: Nervosität und Ruhelosigkeit, Speicheln und Atemprobleme, Schmerzsymptome, wie z. B. Krümmen, ein aufgeblähter Bauch und der Versuch, zu erbrechen (ohne Erfolg). Früh erkannt, kann der Hund notoperiert werden, unbehandelt führt eine Magendrehung allerdings zum Tod.

Generell gilt beim Laufen mit Hund, dass hier der Hund das Pensum vorgibt. Starkes Hecheln, langsames Laufen oder gar Humpeln sind Zeichen der Erschöpfung und zu großer Belastung. Dem sollte man sich immer anpassen. Möchte man ein straffes Trainingsprogramm durchziehen und in seinem eigenen Tempo laufen, lässt man den vierbeinigen Freund doch besser zu Hause.

Ist der Hund am nächsten Tag etwas müde und möchte sich nicht ganz so gerne bewegen, ist das kein Grund zur Sorge: Auch Hunde können Muskelkater bekommen. Dauert dieses Verhalten jedoch an und ist es nach zwei Tagen nicht verschwunden, sollten Sie einen Tierarzt aufsuchen.

Ein weiterer wichtiger Punkt ist die Ausrüstung: Läuft der Hund beim Joggen nicht frei, sondern ist an der Leine, sollten Sie auf die richtige Ausrüstung achten. Da es beim Joggen durch das erhöhte Lauftempo zu ruckartigen Stopps kommen kann, ist es immer besser, wenn der Hund ein Geschirr trägt. Beim Halsband kann es sonst zu Strangulation und Wirbelsäulenschäden führen. Zudem gibt es sogenannte Joggingleinen. Diese Leinen sind speziell auf das Laufen mit Hund ausgelegt. Sie besitzen eine integrierte Feder oder ein Gummi, damit es bei Meinungsverschiedenheiten über die Richtung nicht zu unangenehmem Geziehe kommt. Die Feder dämpft sowohl die Bewegungen des Hundes als auch die des Menschen, sodass es für beide angenehmer ist.

Wenn Sie diese Tipps für das Laufen mit Hund berücksichtigen, steht einem gemeinsamen Hobby nichts mehr im Wege.

...Fertig, los!

Möchte man im Laufsport erfolgreich sein, gehört so viel mehr dazu, als nur regelmäßig seine Laufrunde zu absolvieren. Zusätzliches Training, wie Krafttraining zum Muskelaufbau, Stabilitätstraining für eine starke Körpermitte, Mobilitätstraining für mehr Bewegung in den Gelenken, Dehnen für die Flexibilität der Muskulatur und Intervalltraining, was die Laufleistung neben dem allgemeinen Ausdauertraining am besten verbessern kann, ist unerlässlich. Es gibt zudem wichtige Dinge zu beachten, wie beispielsweise, die richtigen Laufschuhe individuell für die eigenen Bedürfnisse auszusuchen oder die richtige Nahrung zu sich zu nehmen.

Es ist wirklich wichtig, sich vor Laufbeginn gut zu informieren, um typische Fehler zu vermeiden. Laufen kann durch die einseitige Belastung und bei falscher Ausführung auch gesundheitliche Beschwerden zur Folge haben. Bei richtiger Anwendung jedoch ist Laufen mit all seinen Vorteilen ein enormer Gewinn.